현직 교사가 알려주는

자녀 성교육 안내서

찬
성

ㅎㅅㄹ북스

현직교사가 알려주는
자녀 성교육 안내서

찬 란한 너의
성 을 응원해

조혜린

목차

PART
01
부모의 건강한 성 가치관은 유전된다 / 24

PART 02

엄빠를 당황스럽게 하는 성 이야기들 / 56

찬란한 너의 성을 응원해
Workbook / 329

COSMOS MEDIC INC. 대표 김지훈

이 책을 읽기 전과 읽고 난 후, 제가 가지고 있던 좁은 생각과 고정된 관념이 확장되는 것을 느꼈습니다. 성교육에 대해 정해진 정답은 없지만, 이 책은 그 답을 찾아가는 과정에서 훌륭한 길잡이가 되어줍니다.

보건교사 주애영

이 책은 성교육을 고민하는 양육자를 위한 친절한 지침서입니다. 저자는 자녀 성교육에 앞서 더 중요한 것은 부부의 관계 회복과 서로 존중하고 긍정적 태도를 갖는 부부 자존감을 강조합니다. 성교육은 특별한 교육이 아닙니다. 여느 가정교육 중 하나로 양육자의 삶의 태도에 영향을 많이 받습니다. 양육자가 건강한 성가치관을 가지고 있다면 자녀 성교육은 크게 걱정하실 필요가 없습니다. 그리고 『찬성』이 길잡이가 되어줄 것입니다.

구성애 설립 사)푸른아우성 대표 이충민

이 책은 성교육을 단순히 지식 전달로 끝내지 않고, 건강한 성 가치관을 세우며 타인을 존중하고 살아가는 방법을 알기 쉽고 재미있게 알려주는 '자녀 성교육 안내서'입니다. 자녀들이 겪어가는 성장 속에 신체적, 정신적으로 겪는 변화를 이해하도록 돕고, 문화적인 성의 왜곡에서 위험을 인식하고 예방하도록 부모와 자녀가 함께 소통하며 그 변화를 건강하게 받아드리도록 합니다. 이 책은 그런 과정을 따뜻하고 진심 어린 대화로 알기 쉽게 풀어나가도록 도와줍니다.

또한 평상시 부모는 성교육의 관심을 크게 갖지 못합니다. 자녀의 미래와 진로에 대한 고민은 많지만 내 자녀의 성교육을 중요하게 생각하지 못하는 것이 현실입니다. 하지만 이 책은 자녀의 바람직한 성 가치관 형성은 바로 '부모님들의 책임'이라는 것을 알려주고 있습니다.

저자는 두 아이의 부모이고 학생들의 선생님으로 겪은 수많은 경험을 통해 어려움들을 이겨내 오며, 자녀에게 가장 주고 싶은 것이 무엇인지를 질문하고 있습니다. 결국은 자녀의 자존감을 세워주는 중요한 부모의 역할과 동기를 말하고 있습니다. 부부관계 속에 갈등을 평화롭게 풀어나가는 부모를 보면서 자녀의 자존감은 높아지고 바르게 성장하도록 성교육의 중요성을 알리고 있습니다.

이 책은 부모가 당황스럽게 접할 자녀의 음란물 노출, 자위와 생리, 몽정, 고딩엄빠 예방과 같은 성의 솔직한 이야기들을 다룹니다. 다양한 사례와 예시로 부모와 자녀가 성에 대해 자연스럽게 대화할 수 있는 좋은 소재가 들어 있으며, 성교육에 대한 부모의 막연한 불안과 두려움을 덜어주고, 부모와 자녀가 대화를 통해 자신의 성을 건강하게 받아들일 수 있도록 안내합니다.

마지막으로, 이 책은 자녀들이 스스로 인생의 주인으로서 선택할 수 있는 건강한 선택과 방법을 제시합니다. 물고기를 잡아주는 것이 아닌 잡는 법을 알려주는 자립된 목표를 제시합니다. 가장 최전선에서 아이들과 소통해 온 저자의 진솔한 조언과 풍부한 경험이 녹아 있는 이 책은 부모와 자녀 모두에게 필요한 책이며, 함께 성장해 나가도록 어려운 성교육의 인식을 쇄빙선이 되어 녹여줄 것입니다. 찬란한 자녀들의 삶의 여정 속에 '응원봉'이 되는 자녀 성교육 안내서로 강력 추천합니다.

찬란한 너의 성을 응원해

저는 중학교 2학년, 초등학교 6학년 건강한 사춘기 남자아이를 키우고 있는 엄마입니다. 학교에서는 보건교사로 근무하면서 초등학생을 대상으로 성교육을 하고 있지만, 제 자녀들에게 "자! 성교육이다."라고 생각하면서 성교육을 해본 적은 없습니다. 일상생활에서 건강한 성 가치관을 가질 수 있도록 저부터 성에 대해 편견을 갖지 않으려 노력하고, 말을 조심하려고 했었지요.

그러던 어느 날, 큰아들이 "엄마 우리는 언제 성교육해요?"라고 물었습니다. 학교에서 학생 대상으로는 성교육을 해주면서 왜 아들인 자신은 해주지 않냐고 물어서 말문이 막혔습니다. 그때 처음으로 이런 생각을 해 봤습니다. '아이에게 어떻게 성교육 해야 하지?' 이와 같은 질문은 대부분의 부모님들께서 공통적으로 고민하는 부분일 것입니다. 이 책은 자녀를 위해 성교육을 어떻게 해야 할지 고민하는 분들을 위해 썼습니다.

우선, 성교육은 거창한 것이 아닌 일상적인 것임을 기억해야 합니다. 우리는 아이가 말을 배울 때, 걸음마를 배울 때 기다림을 당연하게 여기고 기다립니다. 그러다가 "엄마"라고 말할 때 그 감격은 평생 우리의 기억에 자리매김합니다.

성교육도 마찬가지입니다. 성(性)은 우리 주변에 늘 우리와 함께 있는 요소입니다. 성은 인간의 삶과는 떼려야 뗄 수 없는 아주 중요한 인간을 구성하는 한 부분입니다. 그래서 부모인 나부터 건강한 성 가치관을 가지고 있는지 생각해 보고, 나부터 건강한 성 가치관을 갖기 위해 노력해야 합니다.

내 자녀는 나를 그대로 보고 배웁니다.

부모는 자녀의 역할모델이며 삶의 방향을 제시해줍니다.

부모의 건강한 성 가치관은 자녀에게 전달됩니다.

부모가 자녀와 성과 관련된 이야기를 시작할 때 기억해야 할 점은 무엇일까요?

첫째, 내 아이의 성 발달은 다른 아이들과 다를 수 있습니다. 예를 들면, 어떤 아이는 야동을 봤다는데, 내 아이는 아직 못 봤을 수도 있습니다. 주변 엄마의 자녀들은 이성 친구를 사귄다는데 내 자녀는 이성 친구에게 관심이 없을 수 있고, 있더라도 너무 부끄러워서 다가가지 못하는 경우가 있을 수도 있습니다. 아이만의 성 발달 속도가 있고 그 속도를 부모님께서 주의 깊게 관찰하시고 시기에 맞는 성 관련 대화를 나누기를 권해드립니다.

이를 위해 부모님께서는 아이를 관찰하고, 아이와 다양한 대화를 하면서 우리 아이에게 가장 필요한 '대화의 주제'가 무엇일지 고민해 보셔야 합니다. 또한 성과 관련된 다양한 질문들을 자녀에게 받았을 때 매우 당황스러우시겠지만 여유롭게 그동안 부모님께서 준비하셨던 건강한 성 가치관을 기반으로 대답해 주시는 것이 좋다고 생각합니다.

둘째, 부모인 내가 성에 대한 편견이 있다면 내 자녀 또한 성에 대한 편견을 가질 가능성이 높습니다. 그렇기에 양성이 평등하다는 관점으로 자녀를 대하고 대화하는 게 필요합니다. 부모가 가진 성에 대한 편견은 자녀에게 고스란히 전해집니다. "남자가 왜 울어" "남자가 겁도 많고" "여자애라서 그런지 진짜 예민해" "여자애라서 너무 잘 삐져" 등의 말을 많이 사용합니다. 그런데 부모님이 평소 습관처럼 붙이는 말에 '~ 가, 라서' 라는 조사를 붙이지 않고 말하기부터 시작해 보세요. "아들 왜 울어" "아들 겁이 많구나" "딸 진짜 예민하다" "딸 너무 잘 삐져"로 바꾸었는데, 이렇게 '~가, 라서'만 붙이지 않아도 다른 느낌을 줍니다.

또한 부모님의 행동이나 말로 습득한 성에 대한 편견은 아이들의 내면 깊숙이 침입하고 내면화됩니다. 자녀는 자라면서 자신이 부모님에게 배웠던 남자답지 못한, 여성스럽지 못한 사람들을 보면 겉으로 드러내지는 못해도 불편함을 느끼거나 또 다른 편견을 가지고 그 사람을 판단하게 될 수 있습니다.

셋째, 자녀에게 성을 알려준다는 것은 단순한 지식의 전달이 아닙니다. 자녀가 앞으로 겪게 될 다양한 상황 속에서 가장 현명하고 최선의 선택을 할 수 있는 방법을 알려주는 것입니다. 우리는 늘 선택합니다. 오늘 뭐 입을지? 점심은 뭐 먹을지? 결혼기념일에 뭐 할지? 등 매 순간마다 선택을 하고, 그 선택에 책임을 지며 살아갑니다.

우리는 우리의 자녀에게 물고기를 잡아주는 것이 아닌 잡는 법을 알려주는 것이 중요하다고 생각합니다. 이는 삶의 다양한 선택지 중에서 건강한 선택을 하는 방법을 알려주는 것입니다. 삶의 다양한 선택지 중에서 아이가 가장 덜 힘들 선택을 할 수 있게 하는 힘.

선택만큼 중요한 것은 지금 이 순간이(이성 친구와 깊은 스킨십 후 성관계를 앞둔 바로 그 순간) 자신의 삶에 큰 영향을 미칠 수 있는 중요한 순간이라는 것을 아는 것입니다. 자녀에게 자신의 선택에는 자신이 온전히 책임져야 할 것이 있다는 것과 인생을 걸어야 할 선택의 순간이 언제든 찾아올 수 있음을 알려줘야 합니다.

넷째, 부모의 성 고정관념을 자녀에게 주입하는 것이 아닌 아이와 함께 성과 관련하여 열린 마음으로 대화하고 필요한 자료를 찾아보고 대화하면서 자녀가 스스로 자신의 성에 대한 건강한 가치관을 가질 수 있도록 도와줘야 합니다.

우리는 주입식 교육의 폐단을 잘 알고 있습니다. 부모의 성 고정관념을 주입하는 일방적인 대화는 아이들이 부모를 따분하게 생각하고, 부모와의 대화를 지겹다고 생각하게 만듭니다.

자녀를 위하는 사랑이 담긴 말은 잔소리로 들릴 뿐이며, 부모와의 대화를 거부하게 만듭니다.

부모의 성 고정관념에 사로잡힌 대화는 아이가 자신에게 닥친 중요한 순간에 부모를 찾지 못하게 만드는 어려움을 줍니다. 예를 들어, 부모가 평상시에 "여자는 몸을 잘 지켜야 해, 십 대가 연애라니 말도 안 된다, 남자는 피임만 잘하면 되지, 여자는 몸이 순결해야 한다, 고딩엄빠 그런 애들은 삶을 포기한 애들이지, 한심하다." 등의 말을 자녀에게 했다고 생각해 봅시다. 아이는 그 이야기에 등장했던 사람이 자신으로 바뀌었을 때 듣게 될 비난을 미리 예상하고 부모님께는 말하지 않을 것입니다. 그렇게 된다면 아이는 부모님의 도움 없이 자신에게 닥친 어려움들을 혼자서 해결해야 할 것입니다.

만약 부모님께서 "내가 성 고정관념을 가지고 있는 것 같다" "나도 잘 모르겠는데 어떻게 애랑 성 관련 대화를 하나?" "자녀가 나와 대화하는 것을 피한다" 싶다면 오히려 잘 되었습니다. 지금, 자녀와 함께 건강한 성 가치관을 만들어 나갈 기회이기 때문입니다. 지금이라도 자녀와 함께 대화하면서 다양한 사례를 찾아보며 이런 상황에서는 어떻게 해야 하는지, 상대방의 기분은 어땠을지 서로 이야기하면서 성과 관련된 건강한 선택을 함께 찾아보고 생각할 수 있습니다.

우리는 모두 자라고 성숙해져야 합니다. 자녀와 함께 건강한 성 가치관을 찾아가는 길은 또한 얼마나 멋진 일인지요.

이 주제로 여러분을 초대합니다!

1부

부모의 건강한
성 가치관은 유전된다

찬란한 너의 성을 응원해

1. 왜 자녀의 건강한 성 가치관이 중요할까?

2. 자녀 성교육 어떻게 하죠?

3. 성교육은 사랑 표현에서부터 시작

4. 성교육은 행복을 선택하도록 도와주는 것

찬란한 너의
성을 응원해

1. 왜 자녀의 건강한 성 가치관이 중요할까?

찬성 씨는 초등생인 아들이 자랄수록 아이에게 성교육이 필요할 것 같다는 생각을 합니다. 그래서 여자인 엄마보다는 같은 성별인 아빠가 성교육을 하는 것이 나을 것 같아 오늘도 남편에게 말합니다. "애 성교육 좀 해봐, 당신 남자니깐 남자한테 어떻게 성교육해야 할지 알 것 아니야? 요즘 딥페이크니 뭐니 말도 많은데 빨리 해줘야 하지 않겠어?" 아이의 성교육을 남편에게 슬그머니 미루었지만 남편은 이렇게 말합니다. "나도 잘 모르겠는데 뭘 어떻게 하냐?"

성교육은 어떻게 해야 할까요? 참 어렵습니다.

수학, 과학, 역사 등 부모님들께서도 잘 알고 계시는 지식을 전해주는 이야기는 너무 할 말이 많지만 유독 '성'과 관련된 이야기만 나오면 꿀 먹은 벙어리가 되어버립니다. 실제로 많은 부모님께서는 어떤 성교육 강사가 적나라하게 잘 알려주는지 찾아보고 아이들을 그룹 지어 방학 동안 찐한 성교육을 계획하기도 합니다. 하지만 그에 앞서 부모님들께서 반드시 기억하셔야 할 것이 있습니다. 내 자녀의 성교육(바람직한 성 가치관 형성)은 바로 부모님들의 책임이라는 것을요. 그 누구도 대신해 줄 수 없습니다.

일회성으로 성교육 강사에게 몇 번 듣는다고 해서 건강한 성 가치관이 형성되기 어렵습니다. 왜냐하면 성은 태도의 문제이며, 삶을 살아가면서 지속적으로 고민하고 부딪히게 되는 삶 자체이기 때문입니다. 그렇지만 부모님께서 다양한 사정으로 자녀에게 성교육을 하기 어려운 경우, 성을 놀이나 성행동, 피임 등에 집중해서 가르치는 강사가 아닌 자녀의 건강한 성 가치관 형성을 중심으로 가르치는 교육을 가르치는 강사를 통해 배울 수 있게 하고, 자녀가 자신의 성을 긍정적으로 바라보며 자신과 다른 사람을 존중하고 배려할 수 있는 마음을 가지도록 이끌어 줘야 합니다.

말을 배우기 시작하는 자녀에게 감사하는 마음이 들 때는 "고맙습니다"라는 인사를 가르친다고 생각해 봅시다. 누군가 자녀에게 좋아하는 과자를 주면 자녀는 과자를 집고 먹을 뿐 알려줬던 "고맙습니다"라는 말과 인사는 하지 않고 멀뚱하게 쳐다볼 뿐입니다. 그러면 옆에서 부모님께서 "'고맙습니다'라고 말해야지"라고 말하며 감사 인사를 가르칩니다. 그러면 그제야 아이는 인사를 하며 "고맙습니다"라고 인사를 합니다. 아이는 이 간단한 말도 수십 번 반복하며 드디어 고마운 상황에서 고맙다고 인사를 할 수 있는 자녀가 됩니다.

마찬가지로 건강한 성 가치관 형성 또한 부모님께서 자녀와 함께 계속 이야기하고 다양한 상황을 함께 고민해야만 자녀가 꼭 필요한 그 상황에서 자녀가 가지고 있는 건강한 성 가치관의 기준에 따라 행동할 수 있습니다. 공식처럼 외워서 당장 풀어낼 수 있는 것이 아니고 부모님께서 생활 속에서 녹여내셔야 하기 때문에 시간이 걸리지만 아주 가치 있는 일입니다.

아이들이 건강한 가치관을 가지고 세상을 살아가는 것은 좋은 직업을 갖는 것보다 더 중요합니다. 모두가 선망하는 직업을 가지고 있다고 해도 건강하지 못한 성 가치관을 가지고 있다면 언제든 성범죄자가 되어 징역을 살게 되고 사회에서 고립될 수 있다는 것을 사회 지도계층과 연예인들의 성과 관련된 문제를 통해 배웠습니다. 그들은 한순간에 모든 것을 잃었습니다. 자녀가 훌륭한 성인으로 자랐으면 하는 바람이 있다면 건강한 성 가치관 형성이 그 어떤 교육보다 선행되어야 하고 중요한 교육이라는 것을 기억하시길 바랍니다.

이쯤 되면 부모님께서는 '그러면 도대체 성 가치관이 뭔데?'라는 생각이 들 것입니다.

성 가치관을 이해하려면 우선 가치관에 대한 이해가 필요합니다. 검색창에 '가치관'을 검색하면 아래와 같이 나옵니다.[1]

---

1 "가치관", https://terms.naver.com/entry.naver?docId=659403&cid=42152&categoryId=42152 (2024년12월2일 검색).

'가치관이란 인간이 자기를 포함한 세계나 그 속의 어떤 대상에

대하여 가지는 평가의 근본적 태도나 관점. 쉽게 말하여 옳은 것,

바람직한 것, 해야 할 것 또는 하지 말아야 할 것 등에 관한 일반

적인 생각을 말한다'라고 정의합니다.

그렇다면, 성 가치관은 무엇을 의미할까요?

'성(性)에 대하여 가지는 평가의 근본적 태도나 관점, 성에 대해

옳은 것, 바람직한 것, 해야 할 것 또는 하지 말아야 할 것 등에 관

한 일반적인 생각이다.'

아주 단순하지만 제가 하고 싶은 말의 처음과 끝 같은 이야기

입니다.

내 자녀가 자신이 하고 있는 성 행동이 옳은 것인지, 바람직한

것인지, 해야 할지 말아야 할지에 대해 확실한 기준이 있고, 그

기준에 따라 성 행동을 한다면 준비되지 못한 임신, 몰래 친구들의 몸을 찍는 몰카범, 딥페이크 가해자, 디지털 성범죄자의 표적 등이 되지는 않을 것입니다.

2. 자녀 성교육 어떻게 하죠?

찬성 씨는 사랑하는 아이가 태어났습니다. 찬성 씨는 이 아이에게 세상을 주고 싶습니다. 꿈을 이룰 수 있도록 지원해 주고, 또 아이가 원하는 것이 있다면 힘닿는 데까지 지원해 주고 싶습니다. 찬성 씨에게 아이는 세상에서 가장 사랑하는 사람을 닮은 또 하나의 나이기 때문입니다.

2024년 3분기 우리나라 합계출산율(가임여성 1명이 평생 낳을 것으로 기대되는 출생아수)은 0.72명으로 경제협력개발기구(OECD) 회원국 최하위를 기록하고 있습니다.

왜 이렇게 출산율이 낮은 걸까요? 제 생각에는 내 자녀가 나

보다 더 좋은 직장을 갖거나 더 나은 삶을 살 것이라는 확신을 갖기가 어렵기 때문이 아닐까 싶습니다. 부모가 되면 고민하고 신경써야 할 부분이 많이 있습니다. 그중에 가장 어려운 내용을 뽑자면 '자녀 성교육'이지 않을까 싶습니다.

저는 두 명의 청소년기 사내아이를 키우는데 아이들은 저를 장군님 또는 지구 최강자라고 부릅니다. 자녀들 덕분에 어쩔 수 없이 여왕 아닌 장군이 되었지만 학교에서 성교육을 담당하고 보건수업까지 하고 있는 저조차도 제 자녀들에게 성교육을 하는 일은 부담스럽습니다. 전문적인 지식을 가지고 학교에서 학생 대상으로 성교육을 하고 있는 저도 이렇게 조심스러운데 다른 부모님들께서는 얼마나 어려울지 충분히 이해가 됩니다.

실제로 학부모님이 보건실로 전화해서 물어본 질문들은 이런 것이었습니다.

"아이가 학교에서 보건수업을 받았어요. 학교에서 어떤 내용을 수업하셨는지 궁금하고 가정에서 어떻게 연계해서 알려줘야 할지 궁금해요."

"아이가 자위를 한다고 담임선생님께 연락을 받았어요. 학교에서 그것도 수업 중에 자위를 한다는 이야기를 듣고 눈앞이 캄캄해졌어요. 어떻게 해야 할까요?"

"초등학교 5학년 여자아이를 혼자 키우는 싱글파파입니다. 생리를 시작했다는데 제가 남자여서 어떻게 아이 성교육을 해줘야 할지 잘 모르겠어요"

대다수의 부모님들은 자녀 성교육에는 높은 관심이 있지만 자녀들과 성과 관련된 이야기를 나누는 일에는 상당한 부담감과 어려움을 겪고 있었습니다.

그렇다면, 사랑하는 우리 아이에게 성교육을 어떻게 해야 할까요?

제가 생각하는 성교육은 삶에 대한 건강한 태도를 전수해 주는 일입니다. 아이가 자기 자신을 긍정적이고 소중한 존재라고 생각하고 주변을 바라볼 수 있도록 이끌어 주는 일입니다.

성이란, 예술가에게는 영감을, 누군가에게는 쾌락을, 누군가에게는 불행을 줄 수도 있는 양면의 칼과 같습니다. 그래서 아이의 발달단계에 따른 성교육이 이루어지지 않으면 아이는 성폭력 가해자가 될 수도 있고 피해자가 될 수도 있습니다.

성에 대한 이야기에 앞서 자녀의 성교육을 고민하고 있는 부모라면 반드시 확인하고 넘어가야 할 것이 있는데, 그것은 자녀의 자존감입니다. 자존감이 높은 아이는 자신에 대한 확신과 믿음이 있습니다. 성교육을 하더라도 진솔하게 자신의 이야기를 하고 궁금한 것을 질문할 수 있습니다. 성교육은 가치에 대한 교육이기에 자녀의 자존감이 높을수록 자신을 사랑하고 타인을 배려할 수 있습니다. 성교육은 수학, 역사, 과학 등 지적인 능력을 키우는 것이 목적이 아닌, 나의 자녀가 스스로 자신의 삶을 주체적으로 살아가기 위한 교육입니다.

우리가 어떤 것에 가치를 두고 있느냐가 성을 바라보는 관점이며, 그 관점이 자녀의 성 행동을 결정짓게 됩니다. 지금 이 글을 읽고 계신 부모님도 나의 아이가 건강한 성 가치관을 갖기를 바라며, 자신의 꿈을 이루기 전에 성과 관련된 많은 유혹 또는 행동으로 인해 꿈을 포기하지 않기를 바라는 마음을 가지고 있으리라 생각됩니다.

저 역시 그렇습니다. 드라마를 보거나, 또래를 키우는 부모님들께서 조심스럽게 하는 이야기들을 들으면 중고등학생의 임신은 더 이상 우리에게 놀랄만한 이야기도 아니며 진부하게 들리기까지 합니다. 청소년의 임신시기도 낮아져 초등학생이 중학교 오빠의 아이를 임신했다는 이야기도 들립니다. 그래서 부모님들은 자녀에게 이성 친구가 생겼을 때 가장 염려스러운 부분이 스킨십일 것 같습니다. 더 나아가서는 내 아이가 준비가 되지 못한 부모, 즉 '초중고딩엄빠'가 될까 봐 걱정하실 수도 있습니다. 저는 사랑하는 우리의 아이들이 건강한 성 가치관을 갖고 자신의 꿈을 이루

며 건강한 가정을 이루는 방법을 알려주는 것이 부모가 자녀에

게 주는 최고의 선물이며 성교육이라 생각합니다.

3. 성교육은 사랑 표현에서부터 시작

찬성 씨는 혼란스럽습니다. 중학교 1학년인 세상에서 가장 사랑스러운 큰딸이 자신의 외모에 불만을 가지고 거울을 보면서 "나는 왜 이렇게 코도 낮고, 쌍꺼풀도 없고, 여드름은 많고, 진짜 못생긴 것 같아. 엄마 나 방학 때 쌍꺼풀 수술 해 주면 안돼?"라며 엄마를 괴롭게 하기 때문입니다. 아무리 생각해도 아이가 자신의 외모에 대해 잘못 생각하고 있는 것 같은데 왜 이런 생각을 하고 있는 지 모르겠습니다. 아이의 외모에 대한 불만은 자신감에도 영향을 줘서 활발하고 적극적이던 아이가 점점 소극적으로 변하게 되는 것은 아닌지 염려됩니다. 좋아하던 책도 읽지 않고 휴대폰만 보면서 자신이 추앙하는 아이돌만 쫓고 있습니다.

정말 답답하고 속상하지만 아이와 관계가 멀어질까 청소년 성형수술 병원만 검색합니다.

청소년기 아이들은 자신의 외모에 대한 왜곡된 사고를 가질 수 있습니다. 청소년기는 급격한 신체발달과 성 발달이 거의 동시에 이루어지기 때문에 외모에 대한 왜곡된 사고는 청소년기 발달단계에서 자연스럽게 나타나는 현상입니다. 신체와 성은 급격하게 발달하지만 판단, 통찰 등을 담당하는 전두엽의 발달이 늦어지면서 자신의 외모나 신체에 민감하게 반응하고, 부정적인 신체상(Body Image)을 자아상과 연결하면서 부정적인 자아상이 생기기 쉽습니다.

또한 청소년기 아이들의 가장 큰 특징으로 '상상 속 청중'이라는 개념이 있습니다. 아이들은 자신의 상상 속에 청중이 있어 그들이 자신을 주목하고 있다고 생각합니다. 그래서 얼굴에 여드름이 났거나 작은 눈, 낮은 코 등을 다른 사람들도 자신만큼 관심 있게 보고 있을 것이라고 생각하고 자신의 외모를 만족스럽게 느끼지 못합니다.

그리고 청소년기에는 '나는 누구인가'에 대한 생각과 해야 하는 많은 일들과 하고 싶은 많은 일들이 서로 뒤섞여 몹시 혼란스러운 정신 상태가 됩니다. 쉽게 말해, 잘못 건드리면 '터지는' 아이가 됩니다. 이렇게 혼란스러운 상황에서 아이는 자라고 있습니다. 치열하고, 열심히, 나름 멋진 어른이 되려고 애쓰고 있습니다.

이럴 때 부모인 '나'는 어떻게 아이에게 긍정적인 자아상을 심어줄 수 있을까요? '우리 딸 세상에서 제일 이뻐!' '엘사 드레스 사줄까?' 이렇게 아동기 때처럼 말해줄 수도 없고 참 어렵습니다. 청소년기 자녀를 둔 부모라면 자녀에게 솔직해질 필요가 있습니다.

"비록 내 눈에는 이쁘지만 너 눈에는 안 이쁠 수 있지. 이해해. 그래도 엄마 눈에는 세상에서 네가 제일 이뻐, 너를 처음 안았을 때 그 기쁨을 전해줄 수 있다면 좋겠어. 사랑하는 네가 행복할 수 있는 많은 생각들 중에 외모에 대한 부정적인 생각으로 속상해 하는 게 안타까워. 너는 네 생각보다 괜찮은 아이인데 말이야. 성형수술은 청소년기에 하면 많은 부작용이 있어서 어려울 것 같

아. 사람들은 생각보다 너의 외모에 관심이 없단다. 가장 중요한 것은 너 자신이 너를 사랑해 줘야 한다는 거야."

부모는 아이들에게 행복을 알려줄 책임이 있습니다. 자녀가 비록 지금은 만족스럽지 못한 외모로 속상해하지만 다른 많은 행복이 있다는 것을 알려줘야 합니다. 부정적인 생각에 집중하지 않도록 다른 생각이나 행동을 하도록 유도할 필요가 있습니다. 예컨대, 함께 카페에 가서 맛있는 차와 디저트를 먹으며 아이의 재잘거림을 들어준다던가 아이처럼 예쁜 화초를 함께 고르고 물을 주면서 키워보는 노력, 아이가 관심을 갖고 있는 의류나 신발 등을 보러 가는 일 등이 필요합니다. 가장 좋은 것은 자녀와 함께 공통의 관심사를 갖고 함께 시간을 보내주는 일입니다. 자녀와 이야기할 때는 자녀의 장점, 자녀가 부모인 나를 얼마나 행복하게 해 줬는지, 네가 있어서 나는 지금 얼마나 감사하고 행복한지 반드시 표현해 주어야 합니다.

좋은 옷, 신발, 맛있는 음식들보다 우선 되어야 할 것은 부모님의 사랑 표현입니다. 사춘기, 몹시 혼란스러운 우리의 아이들은 부모님의 관심과 사랑이 필요합니다. 왜 내 아이는 부모 앞에서 자신이 못생겼다고 말하는 걸까요? 그 이유는 부모님에게서 "우리 딸 못생긴 거 아니고 충분히 사랑스러워. 외모보다는 멋진 마음이 더 중요한 거 알잖아. 엄빠가 많이 사랑해"라는 말을 자신이 가장 사랑하는 사람에게서 듣고 싶기 때문이 아닐까요?

부쩍 커버린 아이라고 할지라도 아직은 부모인 나의 사랑이 간절히 필요한 아이라는 것을 기억했으면 좋겠습니다. 아직도 엄마 아빠에게 안기고 싶고 애교도 부리고 싶은 아이입니다. 비록 몸은 어른처럼 커졌지만 마음도 다 자랐다고 착각하시면 안 됩니다. 자녀에게 사랑 표현은 돈도 안 들고 배송을 기다릴 필요도 없는 최고의 선물입니다.

성교육은 부모와 자녀의 사랑표현에서부터 시작합니다.

아이를 시간 날 때마다 안아주고 "사랑해"라고 말해주시면서 자신이 얼마나 소중한 존재인지를 깨닫게 해 주세요. 아이는 자신이 태어나면서부터 가장 사랑하고 있고, 사랑받고 싶은 부모와 함께하는 시간을 바라며 그 시간들을 통해 행복을 배웁니다. 그 사랑받았던 시간의 조각들이 모여 하나의 작품이 되는 어느 날 아이는 깨닫게 될 것입니다. 그렇게 사랑해 준다면 훗날 자녀가 "엄마아빠가 나한테 뭐 해준 게 있어?"라고 물을 때 이렇게 답해 주실 수 있으시겠지요. "사랑해 줬어. 네가 평생을 살아가면서 힘들고 어려운 일을 겪게 될 때 힘내서 다시 일어설 수 있는 용기를 갖게 할 사랑받은 기억을 줬단다."라고요.

기억은 아주 힘이 셉니다. 자녀에게 평생 변하지 않는 사랑을 받았던 기억을 주기를 바랍니다.

* 자아상 : 자신의 존재, 능력 또는 역할 등에 대한 자기 자신에 대한 주관적인 평가와 견해[2]

* 신체상 : 신체에 대하여 갖는 느낌이나 태도로써 자신의 신체부위와 기능에 대한 만족의 정도를 말한다. 만족의 정도가 높으면 긍정적 자아개념을 형성한다. 신체상은 평생 끊임없이 변하고 다른 사람과의 관계경험을 통하여 형성되고 발달해 나간다. 사춘기에는 2차 성징의 발달로 신체에 대한 관심이 더욱 증가하여 내적 신체상을 형성하고, 이 시기의 모든 행동의 근거가 된다.[3]

---

2 "자아상", https://terms.naver.com/search.naver?query=%EC%9E%90%EC%95%84%EC%83%819 (2024년1월12일 검색).

3 "신체상", https://terms.naver.com/entry.naver?docId=5677495&cid=62841&categoryId=62841 (2024년12월3일 검색).

4. 성교육은 행복을 선택하도록 도와주는 것

살아가면서 우리는 많은 선택에 놓이게 됩니다. 내가 행복을 선택할지, 불행을 선택할지에 따라 아주 많은 것이 달라집니다. 행복이 선택이라고요? 말도 안 된다고 생각하시나요? 정말입니다. 행복은 선택입니다.

삶의 여정을 따라가다 보면 예측하기 어려운 많은 상황이 주어집니다. 이러한 예측불가한 상황에서 우리는 어떤 행동을 취할지 고민하고 선택하고 행동합니다. 그러나 아주 작은 선택이 한 사람의 삶에 대한 태도뿐만 아니라 미래를 바꿀 수 있다는 것을 아셨으면 합니다.

여기 비슷한 키를 가진 2명의 30대 남자가 있습니다. 둘 다 키가 160cm입니다. 우리나라의 남자의 표준 키가 171cm 정도 되니 작은 편입니다. 한 사람은 작은 키에 집중하기로 선택합니다. 키가 작아서 운동도 못하고, 유머도 없고, 별다른 취미도 없고, 사람도 사귀기 어렵다고 생각합니다. 결국 30대 초반 우울증을 진단받고 우울증 약을 복용하고 있습니다.

다른 사람은 자신이 선택하지도 않은 주어진 키에 관심을 거두기로 선택합니다. 그는 중학교 3학년 때 아무리 노력해도 키가 더 자라지 않을 것 같다는 현실을 깨닫습니다. 여자친구도 사귀고 싶고 결혼도 하고 싶지만 이렇게 작은 키로는 여자친구는 커녕 결혼도 어려울 것 같다는 생각이 들었습니다. 그렇다면 어떻게 해야 할까? 번뜩! 아이디어가 떠올랐다고 합니다. '공부를 잘하면 되겠구나. 서울대에 가면 내 키가 작아도 여자친구를 사귈 수 있지 않을까?'라는 생각을 갖게 되었습니다. 그래서 최선을 다해 고등학교 내내 노력했고 결국 서울대에 들어가고 대기업에 취업해서 자신의 이상형과 결혼했습니다.

키는 작았지만 노력해서 얻게 된 성취들 덕분에 자존감이 높아지고 소심했던 성격도 외향적이고 사교적으로 바뀌어 함께 있으면 5분에 한 번씩 웃음 짓게 하는 유쾌한 성격을 갖게 되었습니다.

첫 번째 사례는 제가 수업 준비를 하면서 보게 된 다큐멘터리에 나온 의사의 인터뷰에 나온 내담자 이야기입니다. 자신의 작은 키에 집중해서 많은 중요한 것을 놓치게 되고, 결국 우울증을 진단받게 되었습니다.

두 번째 사례는 제가 평택에서 근무할 때 만난 선생님 남편의 이야기입니다. 그분이 어찌나 유머 있고 재미있게 자신의 이야기를 하는지 시간 가는 줄 모르고 재미있게 들었던 기억이 납니다. 분명 저보다 키가 작았지만 이야기를 나누고 난 후 더 이상 그분의 작은 키는 보이지 않았습니다.

두 번째 사례자의 행동을 정신의학용어로 '보상(compensation)'

이라고 부릅니다. 성격이나 외모 혹은 지능이나 환경 등에서 생긴 자신의 결함을 메우려는 방어기제로, 자신의 단점이나 약점으로 자신의 욕구 충족이 방해를 받을 때 그 결함을 다른 것으로 대치시켜 자신의 욕구를 충족시키는 것을 의미하며, 두 번째 분은 자신의 약점인 작은 키에 집중하지 않고, 자신의 결함을 노력으로 대치시켰습니다.

그런데 위의 두 사례가 왜 성교육과 관련이 있는 건지 궁금해하실 듯합니다.

키가 작은 것도, 자신의 이상과는 거리가 있는 외모도, 소심한 성격 모두 다 그 사람의 인격과 건강한 성 가치관에 영향을 줍니다.

앞서 말했듯이, 건강한 성 가치관이란 자신을 사랑하는 마음에서 우러납니다. 자존감이 높은 사람이 건강한 성 가치관을 갖게 됩니다.

낮은 자존감에서 비롯된 건강하지 못한 성 가치관 때문에 많은 사람들이 피해를 받고 있습니다. 건강하지 못한 성 가치관은 사귀던 사람과 헤어짐을 받아들이지 못하고 스토킹을 하거나 N번 방과 같은 온라인 성폭력의 가해자가 되거나 정상적인 연인 관계를 유지하지 못하거나 가정을 이룬 후에도 잘못된 이성 관계를 유발할 수 있습니다.

성교육은 행복을 위해 내가 무엇을 선택할 지에 대한 것입니다. 저는 학생들과 자존감에 대해 이야기할 때 늘 학생들에게 먼저 묻습니다.

"지금 너희들의 삶에서 선택하지 않은 것을 이야기해 볼까?"

그러면 학생들은 여기저기서 이렇게 대답합니다.

"부모님, 가정환경, 가족, 태어난 나라, 출생순위, 외모, 키, 성격 등."

학생들도 잘 알고 있습니다.

그러면 다시 묻습니다.

"그래, 그렇다면 이번에는 너희가 선택할 수 있는 것을 찾아보자!"

아이들은 곰곰이 생각합니다. 그리고 진지하게 대답하기 시작합니다.

"노력, 성격, 오늘 무슨 옷 입을지, 저녁에 뭘 먹을지, 대학교, 직업, 이성 친구 등."

아이들의 이야기를 들으며 칠판에 적습니다. 그리고 삶에서 선택 가능한 것과 선택할 수 없는 것을 분류해 놓고, 학생들에게 앞서 말씀드린 예화에 등장한 두 명의 남자 이야기를 합니다.

"키는 선택할 수 없지, 하지만 노력은 선택할 수 있어. 그렇지만 이미 너희들의 삶에 주어진 것들, 즉 선택할 수 없는 것에 집중하고 실망하면 너희들은 너희들의 선택으로 바꿀 수 있는 많은 가능성을 버리게 되는 거야. 부모님이 이혼하시고 할머니 할아버지 아래서 자라게 되었다고, 부모님의 사이가 좋지 않아 자주 다투신다고, 부모님께서 식당을 운영하셔서 밤늦게 들어오시는 바람에 동생들의 저녁을 챙겨주고 돌보아야 한다는 것들 등 너희가 선택하지 않은 이미 주어진 것들은 너희들의 삶을 살아가는데 그 어떤 어려움도 될 수 없다는 것을 기억했으면 해. 너희들의 삶을 이루는데 영향을 줄 수 있는 것은 너희들에게 이미 주어진 것들이 아닌 앞으로 너희들의 선택을 기다리고 있는 것들이란다."

저는 초등학교에서 보건교사로 근무하면서 아이들이 선택하지 않은 상황, 즉 주어진 상황 때문에 심인성 통증을 호소하는 학생들을 많이 만났습니다. 다양한 가정 및 학업의 어려움으로 인한 심리적인 문제가 복통, 두통 등의 신체적인 문제로 나타나는 것을 봤습니다. 이런 친구들은 사랑받고 싶고 인정받고 싶은 욕구가 강하지만 자신의 욕구만큼 사랑이 충족되지 않고 그것을 표현하는 방법이 서툴러 거의 매일 머리가 아프고 배가 아픕니다. 이 친구들은 대체로 자존감이 낮고 이 낮은 자존감은 미래에 이성 친구를 사귀게 될 때 자신의 의견을 말하기가 쉽지 않고 원치 않는 스킨십을 거절하거나 이별을 선택하는데 어려움을 겪을 가능성이 높습니다. 특히 낮은 자존감은 상대방이 원치 않는 스킨십을 할 때 거절을 어렵게 하고 혹시나 그 거절에 헤어지자는 말을 듣게 될까 염려해서 상대방이 원하는 것을 들어줄 수밖에 없는 기울어진 이성 교제를 유발할 수 있습니다.

『경제학이 필요한 순간』의 저자 김현철 교수는 사람의 미래 소득에 가장 영향을 주는 것이 50%는 국가, 25%는 가정환경, 나머지 25%가 운이라고 했습니다. 사람이 삶을 살아가는데 75%가 이미 주어진 것에 영향을 받고 나머지 25%가 운이라면 소위 말하는 좋은 국가, 좋은 가정에서 태어나지 않았다면 태어난 순간부터 질 수 밖에 없는 게임을 시작하는 것이겠지요.[4]

그러나 저는 학생들에게 말해주고 싶습니다. 운이라는 25%의 가능성, 그것은 너희들이 무엇을 선택하느냐에 따라 달라지는 것이라고요. 자신의 운을 결정짓는 것 또한 삶에 대한 태도이며, 자신에 대한 믿음이 결국 많은 것을 좌우하게 될 것이라고 말입니다.

---

4   김현철, 『경제학이 필요한 순간』, 김영사, 2023, 27.

성교육 이야기를 들으려고 읽고 읽는데 자꾸 관련 없는 이야기만 하는 것 같지요?

사실 '삶'이 '성'이기 때문입니다.

사람이 행복하게 살아가려면 자신에 대한 이해가 필요하고, 자신에게 만족하며, 자신을 사랑해야 합니다. 그렇게 자신에 대한 이해와 사랑이 있는 사람은 타인을 이해하고, 배려할 수 있으며 더 나아가 건강한 성 가치관이 형성되어 삶을 살아가는데 필요한 아이템을 하나 더 얻게 되는 것입니다.

저는 우리 아이들이 건강한 성 가치관을 갖게 된다면, 성과 관련된 많은 유혹을 이겨내고 성범죄에 연루될 가능성이 낮아지고 자신이 성취하고자 하는 목적에 더 가까워질 수 있을 것이며 궁극적으로는 자신이 바라는 꿈을 이룰 수 있을 것이라 확신합니다.

사랑하는 내 자녀가 자신을 더 사랑하고 아끼는 사람이 될 수 있도록 격려해 주세요. 아이에게 행복은 선택이라는 것을 꼭 알려주시기를 바랍니다.

2부

엄빠를
당황스럽게 하는
성 이야기들

천진난만한 너의 성을 응원해

찬란한 너의
성을 응원해

1. 아이가 학교에서 자위를 한대요

찬성 씨는 딸의 담임 선생님께 전화를 받았습니다. 얼마 전 초등학교에 입학한 딸이 학교에서 수업 중에 자위를 한다는 이야기였습니다. 이런 전화를 받으니 선생님에게 뭐라 할 말이 없고 머리가 멍해지면서 어떻게 해야 할지 당황스러웠습니다. 8살짜리 여자아이가 친구들이 다 있는 학교 교실에서 수업 중에 자위를 하다니. 아무리 생각해도 이해가 되지 않았습니다. 인터넷을 뒤져보니 '아이들의 자위는 성인과 같지 않고 정상적이다'라는 답을 얻었으나 어떻게 해야 딸이 학교에서 다시는 자위를 하지 않도록 알려줄 수 있을지 모르겠고, 잘못 키운 것 같아 눈앞이 캄캄해졌습니다.

찬성 씨의 자녀는 학교에서 자위 행동이 관찰되었으나 대부분은 집에서 부모님께서 자녀의 자위를 알게 되는 경우가 많습니다. 아이들은 바지 위나 속옷 안으로 손을 넣어 성기를 만지며 성적인 자극을 느낍니다. 여자아이의 자위든 남자아이의 자위든 청소년기 이전 아이들의 자위는 성적인 쾌락의 목적보다는 정서적인 이유에서 비롯된 경우가 많습니다. 학교 수업이 지루하고, 수업에 따라가기 어렵거나, 친구 사이의 갈등, 부모님의 불화, 권태로움 등의 다양한 정서적인 문제를 해소하기 위해 자위를 하게 되는 경우가 있습니다. 혹 자기 몸에 호기심을 가지고 이곳저곳 만져보다 성기에서 느껴지는 성적 자극에 집중하게 될 수도 있습니다. 그 외에도 정서적인 긴장이나 불안이 몰려올 때 자신의 성기를 만지며 느껴지는 자극에 스트레스가 해소된다고 생각하기도 합니다.

5-8세를 위한
인간의 신체와 발달편의 학습 목표

핵심내용
자신의 신체 이름과 기능에 대해 아는것이 중요하며, 성 및 임신 기관을 포함하여 몸에 대해 호기심을 갖는것은 당연하다.

지식
내부 및 외부 생식기의 중요한 부분 및 기본 기능을 확인할 수 있다.

태도
생식기를 포함하여 자신의 몸에 호기심을 갖게 되는 것은 지극히 정상적이라는것을 인식할 수 있다.

기술
호기심이 생기는 신체 부위에 대해 궁금한것을 질문하고 대답하는 연습을 할 수 있다.

자료 출처 - 유네스코 국제 성교육 가이드(아하!서울시립청소년문화센터)

유네스코 국제 성교육 가이드에서 제공하는 내용에 따르면, 학령전기 아동이 생식기를 포함하여 자신의 몸에 호기심을 갖게 되는 것은 지극히 정상적이라는 것을 알 수 있습니다.[1] 아이의 자위를 목격한 부모는 당황스러울 수 있지만 자위는 성장기에 나타나는 자연스러운 행위라는 것을 기억해야 합니다. 자위는 태아기를 비롯한 만 1세 유아에게도 나타나는 행위이며 사춘기 전 자위를 경험한 여자아이는 30% 이상, 남자아이는 70% 이상으로 조사되었습니다.

---

1 "유네스코 국제 성교육 가이드라인", 아하!서울시립청소년문화센터, 2018, 65.

특히 유아기 여자아이들은 성기 부분을 책상 모서리, 침구, 장난감 등에 비비는 동작을 통해 또래 남자아이보다 비교적 쉽게 자극을 받기 때문에 또래 남자 아이들에 비해 자위행위를 더 많이 하게 됩니다.[2]

그러나 대부분의 부모님은 자위를 자연스러운 행위라고 보기보다는 부정적인 감정을 덧칠해서 아이를 비난하곤 합니다. "네가 하고 있는 행동은 잘못된 거야, 그런 거 하면 나쁜 아이야! 절대 하면 안돼." 자위를 하는 아이에게 부정적인 말을 하며 비난하면 아이는 자신의 일상적인 행동에 화를 내고 비난하는 부모를 보며 공포를 경험하고, 자신이 느끼는 성적 자극을 부정적으로 느끼게 됩니다. 결국 부모로부터 마음의 큰 상처를 입고 자신은 하면 안 되는 나쁜 짓을 한 나쁜 아이라는 생각을 하게 되며 자존감에 큰 타격을 받게 됩니다.

이렇게 부모를 통해 성에 대해 부정적인 감정을 경험한 아이는 자라면서 더 이상 부모님에게 자신의 성과 관련된 경험(야동을

---

2 "자위와 유아 성교육", 정신의학신문, 2019년 6월 6일.

본 것, 이성 친구와 스킨십 등)들을 말할 수 없습니다. 말해봤자 혼날 것이고 자신은 또 나쁜 아이가 될 것 같기 때문입니다. 성과 관련하여 자녀가 부모에게 마음을 닫으면, 미래에 아이에게 성적인 문제 또는 다양한 문제가 생겼을 경우 부모는 도움 요청의 대상이 되지 않습니다. 그래서 또래 친구, 선배 등 자신을 도와주기 어려운 사람들에게 도움을 요청하게 되고, 비행 청소년 또래 집단과 어울리게 될 수 있습니다. 이외에도 흡연, 약물, 음주 등을 경험하거나 가출, 성매매 등 결코 아이가 경험하지 않아야 할 것들을 접할지도 모릅니다.

아이는 자위를 통해 태어나 처음으로 성적인 자극, 쾌감을 느꼈고 사실 이것은 시기가 이르긴 하지만 아이의 삶 속의 일부분이 될 것이며, 어쩌면 아이가 앞으로 겪게 될 다양한 건강한 경험들 중 하나일 것입니다. 아이가 자위를 한 것을 알게 되었을 때 부모님은 아이에게 네가 한 행동은 자위라는 것임을 알려주시고 자위를 할 때 지켜야 할 원칙을 알려주세요.

앞서 말씀드렸듯이 비난하거나, 화를 내면서 알려주시는 것이 아니고 앞으로 아이에게 도움이 되기를 바라는 마음으로 알려주시기를 바랍니다.

첫째, 사람이 없는 혼자만의 공간에서 하도록 합니다.

둘째, 자주 자위를 하는 것은 다양한 경험을 하는 것을 방해한다는 것을 알려주고 자위에 집중하지 않는 환경을 만들어주어야 합니다. (횟수에 집중하기보다는 아이가 자위에 몰입하여 다른 중요한 일들을 놓치지 않고, 자위보다 다른 즐겁고 좋은 일들이 많이 있다는 것을 알려주시는 것에 중점을 두도록 합니다.)

셋째, 자위를 할 때는 감염병 예방을 위해 성기와 손을 반드시 깨끗이 씻고 하도록 합니다.

넷째, 다른 도구를 사용하지 않고 손으로만 하도록 합니다.

다섯째, (자녀가 청소년인 경우) 음란물로 인한 중독 및 다양한 부작용을 예방하기 위해 음란물을 보면서 하지 않도록 지도해 줘야 합니다.

실제로 많은 남성 청소년들은 음란물을 보면서 자위를 경험합니다. 미국 샌디에고 해군 의료 센터(Naval Medical Center)의 비뇨기과 의사 매튜 크리스만(Matthew Christman) 박사는 "인터넷으로 보는 음란물은 인터넷 게임보다 중독성 있다는 연구 결과가 있으며, 음란물 노출이 잦으면 정상적인 자극에 대한 감수성을 감소시켜 성 기능이 악화될 수 있다"고 주장했습니다. 이는 성인이 된 후 실전에서의 성관계에서도 영향을 미치게 되어 발기 부전 및 조루증을 유발하는 심리적 원인 중 하나가 됩니다.[3]

저는 찬성 씨 자녀의 학교에서 자위 행동을 예방하기 위해 담임선생님과 찬성 씨와 함께 계획을 세웠습니다. 먼저 담임선생님과 찬성 씨 각각 깊이 있는 대화를 통해 학생 자위의 원인을 찾도록 했습니다. 상담 결과 찬성 씨의 자녀는 유치원 졸업 후 초등학교에 입학하여 새로운 곳에 적응하는 것에 어려움을 느끼고 있었습니다. 40분이라는 수업 시간 동안 딱딱한 의자에 앉아서 자유롭게 돌아다니지 못하는 분위기에 긴장감을 느꼈고 이를 해소

---

3 "섹스 자체가 안되는 남성발기부전과 조루증, 그 이유는", 이코노믹리뷰, 2017년 6월 27일.

하기 위해 자위를 하고 있다고 추정하게 되었습니다.

아이를 위해 담임선생님은 학생이 의자에 앉아있기 불편하고 힘들면 언제든 교실 뒤쪽으로 가서 서 있거나 잠깐 밖에 나가서 바깥 공기를 마시고 들어올 수 있도록 지도했습니다. 또한 찬성 씨의 자녀가 자위를 하려는 모습을 보이면 반의 모든 아이들의 손을 책상 위로 올리도록 하고 종이를 접거나, 동요를 부르는 등 관심을 분산시켜 학생이 자위 행동에 집중하는 것을 예방했습니다.

가정에서 찬성 씨는 자녀가 자위를 하는 것을 이해하고 아이가 자신의 성에 부정적인 감정을 갖지 않는 것에 집중하며 개방적으로 자위에 대해 이야기했습니다. 또한 자녀와 매일 깊이 있는 대화를 하면서 학교에서 40분이라는 수업 시간이 힘들지만 견뎌내야 하고 견딜 수 있다는 것을 알려주고 학교생활에 잘 적응할 수 있도록 대화를 이끌어 가도록 했습니다. 이에 더하여 자녀와 함께 다양한 경험들을 하며 자녀가 자위 말고 다른 좋은 자극이 있음을 알게 해주고 자위에 집중하지 않도록 유도했습니다.

담임선생님과 찬성 씨의 노력으로 아이는 1달 정도 지나자 학교에서 자위 행동이 완전히 사라졌습니다. 자위 행동을 하던 때도 밝고 사랑스럽고 열심히 참여하는 아이였지만, 자위 행동이 사라진 후에도 밝고 사랑스럽고 열심히 참여하는 아이가 되었습니다.

우리의 자녀는 열심히 자라고 있습니다.

성적인 호기심이 생기는 것은 아주 당연합니다.

어른들이 아이들의 눈높이에 맞추지 못하고 어른들의 기준으로 아이들의 성적인 호기심이나 행동을 바라보기 때문에 아이들은 상처를 받습니다. 지극히 정상적인 발달단계에서 나타나는 행동인데 어른들이, 부모님들이 자신의 아이에게 문제가 있다고 인식하게 합니다.

이번 장에서도 역시 자위에서 시작되는 건강한 자존감을 이야기했습니다. 아마도 찬성 씨의 자녀는 이번 일을 계기로 자존감에 타격을 입지는 않았을 것입니다.

오히려 부모님은 자신을 이해해 주고 문제가 생겼을 때 도움을 줄 수 있는 존재라는 것을 인식했을 것입니다. 아이를 사랑하는 담임선생님과 부모님의 세심한 관심과 존중으로 어려운 산을 넘었습니다. 이와 비슷한 일로 고민하고 계시는 분이 계신다면, 어떻게 해야 아이의 자존감을 세워주면서 잘못된 행동을 교정할 수 있을지 고민해 보셔야 합니다. 자존감을 무너뜨리면서 행동을 교정하는 것은 아이와 멀어지는 너무 쉬운 방법이기 때문입니다.

* 위 사례와 내용은 글쓴이가 실제 학교에서 있었던 사례를 재구성한 것입니다.

2. 아이와 함께 보는 TV에서 야한 장면이 나올 때

찬성 씨는 TV 드라마를 정말 좋아합니다. 찬성 씨는 드라마 왕국에서 태어난 것을 정말 자랑스럽게 생각합니다. 찬성 씨의 아이들도 역시 드라마를 좋아합니다. 아니 사랑합니다. 드라마는 사회를 알려주는 교과서이자 시간을 잡아먹는 괴물 같기도 합니다. 그런데 아이들과 함께 드라마를 보다 보면 가끔 당황스러운 장면이 나옵니다. 물론 폭력적인 장면도 당황스럽지만 남녀가 뜨겁게 사랑하는 장면, 즉 성관계를 암시하는 장면이나 혀를 사용한 진한 키스 장면이 나올 때면 찬성 씨는 아이들을 보며 화들짝 놀랍니다. 그리고 아이들의 눈을 가려줍니다. "아직 보면 안돼!" 이렇게 말하면서 말이죠. 그러면 아이들이 물어봅니다. "언제 보면 되는데?"

드라마 장면 속의 남녀가 사랑을 나누는 장면은 아이들과 연애에 대한 이야기를 시작하기에 아주 좋은 이야기 재료가 됩니다. (뒤에 나올 고딩엄빠 예방 시리즈를 참고하시어 아이와 대화를 나누시기를 바랍니다.) 드라마를 보면서 부모님께서는 아까 함께 봤던 야한 장면에서 두 배우가 키스 또는 성관계를 암시한 장면과 관련지어 드라마가 끝난 후 어떤 식으로 아이와 성 이야기할지 생각해 보세요.

예를 들어볼까요? 최근 인기 있었던 드라마 중 하나인 "눈물의 여왕"에서 주인공인 홍혜인과 백현우가 아름다운 배경을 뒤로 뜨겁게 키스하는 장면이 나옵니다. 그 장면을 자녀와 함께 본다고 가정할 경우 그 장면을 보는 아이는 다른 곳을 쳐다보거나 바닥을 보거나 등 딴청을 피웁니다. 왜 그런 걸까요? 부모님과 이런 장면을 본다는 것이 몹시 부끄럽고 어색하기 때문입니다.

부모님과 자녀 모두 드라마나 영화 속 야한 장면과 관련된 이야기를 나누는 것이 몹시 어색하고 부끄럽다는 것을 숨기지 말고 이야기를 시작하세요. 부모가 아이에게 질문을 했는데 아이가 대답을 회피하거나 왜 그런 것을 묻냐고 대답하기 싫어하면 어쩔 수 없지만 그래도 부모의 말을 들어주기라도 한다면 일단 반은 성공입니다.

초등학교 고학년에서 중학교 올라가는 시기에 많은 아이들은 첫 연애를 시작합니다. 물론 그 이전에 연애 경험이 있는 친구들도 있겠지만 대부분 이때부터 시작합니다.

아이들은 드라마나 영화를 보면서 연애하면 어른처럼 키스하고, 서로의 몸을 애무하고, 성관계를 해도 된다는 것을 무의식적으로 받아들입니다. 그리고 그런 순간이 왔을 때 드라마나 영화에서 본 것처럼 행동합니다. 이를 예방하기 위해 아이들과 TV를 통해 야한 장면을 볼 때 부모님께서는 청소년이 지켜야 하는 선을 알려주셔야 합니다. 우선 TV 속의 배우들은 연기를 하고 있고, 드라마를 만드는 제작사는 시청률을 올리기 위해 더 자극적으로 영상을 만든다는 것을 알려주셔야 합니다. 모든 연인이 사건다고 해서 반드시 키스나 스킨십을 해야만 사랑하는 것이 아니며 TV 속의 장면은 어디까지나 허구적으로 꾸며진 이야기라는 것을 알려주세요.

실제로 19금 장면이 나온다면 가족이 모두 TV 시청을 멈춰야 합니다. 가장 기본적으로, TV 시청에 있어 연령 제한을 꼭 지켜주세요. 중요한 것은 실제로 드라마처럼 상대방에게 동의를 구하지 않고 키스나 스킨십을 하게 되면 성폭행범이 될 수 있다는 것을 알려주어야 합니다. 남녀가 사귀고 사랑하는 사이에도 스킨십 전 상대방의 동의는 필수입니다.

그렇다면, 어떻게 키스나 스킨십을 할 때 동의를 구해야 할까요?

"만약 네가 사귀는 친구랑 키스를 하고 싶어서 TV 속의 장면처럼 얼굴을 가까이 댈 때 상대방이 뒤로 물러난다거나 입술을 가린다거나 싫다고 말한다면 그건 거절이야. 거절을 못 알아듣고 네가 하고 싶은 대로 행동하면 성추행으로 범죄자가 될 수 있어."

가장 좋은 방법은 실제로 키스해도 되는지 물어보는 것이 가장 좋은 방법이라고 말해주세요. 키스하기 전 물어보면 매력 없다고요? 아니요. 물어보고 대답을 들어도 충분히 로맨틱한 상황이 계속 될 수 있습니다. 이와 더불어 상대방이 거절하면 속상하거나 자존심 상해할 필요가 없음을 주지 시켜주셔야 합니다. 네가 싫어서라기보다는 다양한 이유로 거절을 한 것이니 기분 나쁘거나 자존심 상해할 필요 없으며, 상대방에게 동의를 구하고 거절을 받아들이는 모습이 오히려 멋지게 보일 것이라고 말해주세요. 정말 용기 있고 멋진 사람은 상대방의 거절을 쿨하게 받아들이는 사람임을 알려주고 내 자녀가 그런 멋진 사람이 되었으면 좋겠다고 말해주세요.

또한 이성 친구를 많이 좋아하지만 아직 키스까지의 스킨십을 하고 싶지 않다면 자신 있게 "싫어"라고 거절해도 된다는 것을 알려주세요. 이성 친구가 기분 나빠할까 봐 혹은 실망할까 봐 내키지 않지만 이끄는 대로 행동하는 것은 위험한 일인 것을 알려주셔야 합니다.

그리고 아이와 자연스럽게 사귀는 사이의 스킨십의 허용범위에 대해 이야기해 봅시다. 손잡은 것까지는 괜찮은지 또는 팔짱, 키스 정도는 괜찮은지? 어디까지가 좋을지 부모와 같이 이야기하는 것은 중요한 일입니다. 또한 성관계는 아기를 가질 수 있는 행동이므로 준비가 되지 않은 청소년은 절대 해서는 안 되는 행동임을 인식시켜 주시고 약속을 지킬 수 있도록 사랑과 격려가 필요합니다.

또한 드라마를 보다가 아직 부모가 될 준비가 되지 않은 상태에서 성관계를 암시하는 것 같은 장면이 나오면 어떻게 할까요?

이럴 때는 아이들에게 질문합니다.

"드라마에 나오는 사람들이 지금 이 장면의 성관계를 통해 아기를 갖게 되면 키울 수 있을까?"

아이들이 키울 수 없을 것 같다는 말을 한다면 조금 더 구체적으로 질문합니다.

"어떤 준비가 안 된 것 같아?"

자녀와 드라마 속 주인공이 준비되지 못한 부모가 되었을 때 어떤 어려움을 겪게 될지 솔직하게 이야기해 봅시다. 그리고 자녀와 함께 뒤에 나올 4부의 "8. 십 대의 연애를 위한 다섯 손가락 약속"을 참고하여 앞으로 또는 지금 연애를 하고 있다면 어떤 약속을 하고 어떻게 지킬지에 대해 구체적으로 이야기하는 시간이 되기를 바랍니다.

일레인 헤프너(Elain Heffner)는 "자식 키우기란 자녀에게 삶의 기술을 가르치는 것이다."라는 명언을 남겼습니다. 청소년기 자녀에게 가장 필요한 것은 부모의 관심과 건강한 성 가치관의 전수입니다. 아무리 좋은 직업을 가져도, 돈이 많아도 건강한 성 가치관을 갖지 못하면 그 사람의 삶은 불행해진다는 것을 우리는 잘 알고 있습니다. 사랑하는 자녀에게 건강한 성 가치관이라는 선물을 주기 위해 부모인 우리부터 건강한 성 가치관을 갖기 위해 노력하고 말하고 행동할 수 있어야 합니다.

3. 남편과 섹스하는 것을 아이에게 들켰다!

찬성 씨의 딸은 중학교 1학년입니다. 얼마 전, 생리를 시작했고 성에 대한 호기심도 왕성한 시기입니다. 그러던 어느 날 밤에 잠을 자다 소변이 마려워 화장실에 가는데 안방에서 이상한 소리가 들리는 것이 아니겠습니까? 무슨 소리인가 싶어 문을 연 순간! 아빠와 엄마가 옷을 벗고 서로 껴안고 있는 모습을 보게 되었습니다. 너무나도 놀라서 "악! 이게 뭐야"라고 소리치며 방으로 들어왔습니다. 방에 와서도 부모님의 모습이 자꾸 아른거리며, 자신이 방금 본 것이 언젠가 친구들과 몰래 보던 야동 속의 장면 같아 당황스러웠습니다. 엄마아빠가 섹스를 한다는 것도 충격적인데, 더 큰 문제는 그것이 너무 불쾌하고 더럽게 느껴지는 것입니다. 내일 부모님 얼굴을 어떻게 볼지 걱정이 되어 잠이 오지 않습니다.

평범한 부모님이라면 부부관계를 자녀에게 들키지 않기 위해 많은 노력을 하실 텐데요. 자녀에게 부모의 성관계 장면을 들키지 않는 것이 좋지만 그럼에도 불구하고 어쩔 수 없는 상황에서 자녀가 보게 되었다면 자녀의 나이에 따라 자녀가 생각하는 내용이 다를 수 있다는 것을 알아두어야 합니다.

만약 유치원생이나 초등 저학년에 해당하는 연령의 아이라고 한다면 부모의 성관계 장면을 아빠 엄마가 싸우는 장면, 또는 아빠가 엄마를 괴롭히는 장면으로 생각할 수 있습니다.

이 때문에 그 시기 아이들은 무섭고 불안하고 두려운 마음이 들 수 있습니다. 아이에게 어떤 느낌이 드는지 물어보시고 솔직하게 이야기해 주세요. 아직은 성에 대해 이해하기 어렵기 때문에 성관계를 설명하기보다는 그 상황을 설명해 주시는 것이 더 중요합니다. 그리고 자녀에게 부모의 성관계를 사랑하는 사람들끼리 하는 행동임을 알려주세요.

"엄마와 아빠는 서로 사랑해서 결혼했고 너를 낳았잖아?"

"엄마 아빠가 싸운 것이 아니고 서로 사랑을 나누고 있었어, 엄마 아빠가 싸우는 것처럼 보였다면 미안해, 엄마 아빠가 한 행동은 결혼하고 사랑하는 사람들끼리 하는 행동이었어"라고 아이가 받아들일 수 있게 이야기를 해줍니다.

그런데 아이가 이런 질문을 할 수 있습니다.

"그런데 왜 엄마 아빠는 옷을 벗고 있었어?"

그러면 몹시 당황스러운 마음이 들겠지만 이렇게 말할 수 있습니다.

"옷을 벗고 몸을 맞대면 기분이 좋아서. 엄마 아빠는 기분이 좋아지려고 그랬어."

"그러면 나도 옷 벗고 엄마 아빠랑 같이 할래."

이렇게 말할 수 있습니다.

"아니, 미안해. 그건 안될 것 같아. 왜냐하면 그 행동은 엄마 아빠처럼 어른이 되고, 결혼을 해야만 할 수 있거든, 그래서 너랑은 할 수 없어. 그렇지만 네가 엄마 아빠처럼 어른이 되고 사랑하는 사람을 만나서 결혼을 하게 되면 가능하지." 라고 단호하지만 부드럽게 이야기해 주세요.

또 아이에게 사적인 부분이 무엇인지 알려주세요.

"네가 옷을 갈아입거나, 화장실에서 소변보는 모습을 누군가 본다면 느낌이 어떨 것 같아?" 등의 프라이버시를 이해할 수 있는 질문을 하신 후, "엄마 아빠가 한 행동은 사실 엄마 아빠만의 비밀이었거든, 네게 들키지 않으려고 노력했는데 네가 보게 되어서 엄마 아빠도 당황스러워, 그러니깐 너도 엄마 아빠의 비밀을 다른 사람들에게 말하거나 역할 놀이 등으로 따라 하면 안 된다." 고 이야기해 주세요.

학령전기의 유아들은 엄마 아빠의 성관계를 놀이로 받아들일 수 있고 실제로 역할 놀이로 해보고 싶은 생각이 들어 친구들과 놀이로 모방할 수 있습니다. 아이들이 부모의 성관계를 놀이로 받아들이지 않도록 인식시켜 주시고 가능하면 비밀을 지켜주도록 부탁하세요. 무엇보다 아이들이 이 생각에 집중하지 않고 빨리 잊어버리도록 다양한 체험, 이야기, 독서 등을 통해 기억을 환기시킬 수 있도록 도와주시길 바랍니다.

만약 아이가 청소년기이고 성관계가 무엇인지를 알고 있는 상태에서 자녀가 부모의 성관계를 봤다면 정말 솔직해지셔야 합니다. 성관계는 부모가 될 준비가 된 사랑하는 연인이 하는 사랑 표현임을 알도록 말해주어야 합니다.

"너는 믿기 어렵겠지만 엄마 아빠는 아직도 사랑하는 연인이고 서로를 많이 원해서 성관계를 가졌어"라고 솔직하고 담백하게 이야기해 주세요.

그리고 조심하려고 노력했는데 어쩌다 보니 네가 알게 되었고, 너를 불편하고 혼란스럽게 만들어 미안하다고 말해 주세요.

실제로 부모의 성관계를 목격한 청소년들의 이야기를 들어보면 자신들이 야동으로 보던 것을 부모가 하는 것을 보고 더럽고 불쾌하며 받아들이기 어려운 부정적인 감정을 느꼈다고 말합니다. 이러한 부정적인 감정은 성을 잘못 배워서입니다. 대부분의 아이들은 인터넷 불법 음란물 사이트 또는 SNS 등의 음란물을 보고 성을 배웠고, 야동 속의 비정상적인 성행위인 자극적이고 착취적인 성관계를 보면서 우리 부모님도 그렇게 성관계를 할 것이라는 생각을 하기 때문에 부모의 성관계를 부정적이고 더럽다고 생각합니다.

만약 아이가 부모의 성관계를 보고 부정적인 감정을 드러낸다면 먼저 아이에게 사과하고, 성에 대해 다시 알려 주시기를 바랍니다. 성관계는 부모가 될 준비가 된 연인이 사랑을 표현하는 것이며, 결코 더럽거나 부정적인 것이 아니라는 것을 알려주어야 합니다. 성인이 된 후 사랑하는 사람이 생기고 부모가 될 준비가 되면 하게 될 아주 자연스러운 연인 간의 행동임을 알려주어야 합니다.

사실 건강하게 성교육을 받고 성관계에 대한 이해가 있는 아이가 부모의 성관계 장면을 보게 된다면 당황스럽기는 하지만 부정적이거나 더럽다고 생각하지는 않을 것입니다. 그러나 부모님의 성관계 장면은 아주 충격적이기 때문에 자녀의 머릿속을 계속 떠다니며 괴롭힐 가능성이 높습니다. 아이를 위해 아이가 취미생활에 집중하거나 운동을 하는 등의 다른 집중할 수 있는 것을 따라 집중하다 보면 서서히 잊히게 될 것이라고 말해주세요. 그리고 부모도 다시는 이런 일이 생기지 않도록 조심하겠다고 약속해주시면 좋습니다. 에둘러 돌려 말하지 마시고 솔직하게 말해주세요. 때로는 솔직함이 정답일 수 있습니다.

4. 엄마도 섹스 해봤어?

찬성 씨는 초등학교 6학년인 아들이 아무렇지 않게 툭 내뱉은 질문에 정신 없이 아무말을 던지고 혼자 아이에게 뭐라고 말해야 할지 고민하고 있습니다.

아이의 질문은 "엄마도 섹스해 봤어?"였습니다.

"학교에서 애들이 맨날 섹스 얘기밖에 안 해."

"선생님이 '색연필 꺼내세요.'라고 하면 '뭐라고요? 섹스요?'이렇게 장난치 기도 한다니깐요."

찬성 씨는 몹시 당황스러웠지만 아무렇지 않은 척 되물었습니다.

"섹스가 뭔데?"

아이는 씩 웃으며 말하지 않고 손으로 표현합니다. 오른쪽 엄지와 검지 끝을 맞닿아 둥글게 원 모양을 만든 후 왼손 검지를 원 안으로 넣었다가 뺐다가를 반복하며 웃습니다.

"이게 섹스래."

눈앞이 깜깜해진 찬성 씨는 성교육 서적을 사고, 관련 유튜브를 보면서 어떻게 알려줘야 할지 고민해 보지만 자신이 없습니다.

여러분은 위와 같은 질문에 뭐라고 대답해 주실 건가요?

잠시 눈을 감고 자녀가 위와 같은 질문을 했을 때 어떻게 반응하고 대답할지 생각해 보시겠어요? 정말 아무 생각도 안 나지만 이것저것 지금까지 들었던 온갖 잡다한 성 지식을 머릿속으로 돌려보고 어떤 말부터 꺼내야 할지, 혹시 내가 하는 말이 아이에게 다른 호기심을 부추기는 것은 아닐지 고민하실 것입니다.

당연합니다.

우리는 한 번도 자녀의 성과 관련된 돌발 질문에 대한 답을 생각해 본 적이 없기 때문입니다. 그렇지만 지금부터는 진지하게 고민해 보시고 당신이 생각하는 최선의 답안을 가지고 있기를 바랍니다. 우선 자녀에게 "엄마는 섹스해 봤어?"라는 질문을 받은 분은 자녀와의 관계가 아주 좋은 분임이 확실합니다. 아이는 알게 모르게 "섹스"라는 단어가 부끄럽고 궁금하지만 그래도 엄마 아빠에게는 물어봐도 괜찮겠다는 생각이 들어 질문한 것입니다.

자녀가 건강한 성 가치관을 가지기 위해서는 자녀가 성과 관련된 궁금한 것을 부모에게 솔직하게 질문할 수 있어야 합니다. 또한 부모도 당황하지 않고 위의 질문에 건강한 성 가치관을 바탕으로 하여 대답해 줄 수 있어야 합니다.

우선 아이의 성과 관련된 돌발 질문은 아이와 성 관련 이야기를 할 수 있는 좋은 마중물입니다. 이때는 아이에게 질문하며 현재 아이의 성 지식을 알아보시는 것을 추천합니다.

"우리 ○○가 섹스라는 말을 아는구나! 네가 생각하는 섹스는 뭐야?"

부모가 아이에게 질문하면 아이도 나름 여러 가지 말로 대답할 것입니다.

"사랑하는 거?" "모르겠어. 그냥 친구들이 자꾸 말해서 궁금했어." "남자 여자가 옷 벗고 안는 거?" 등 아이가 생각하는 섹스가 부모가 생각하는 섹스와 다를 수 있습니다.

우리는 아이의 질문에 어른의 지식으로 생각하지만, 아직 초등학생인 아이는 섹스의 의미를 정확하게 모르고 또는 잘못 알고 물어보는 경우가 있을 수 있습니다. 이럴 때는 정확하게 섹스의 의미를 말해주어야 합니다.

"네가 말하는 섹스는 성관계 같구나. 성관계는 부모가 될 준비가 된 어른들이 서로 사랑하는 마음을 가지고 몸을 통해 사랑을 표현하는 거야. 남성의 음경이 여성의 질 안으로 들어가는 것을 섹스, 즉 성관계라고 하지. 그런데 성관계는 아기를 만들기 위한 행동이기도 해. 성관계를 하면 반드시 아기가 생기는 것은 아니지만 아기가 생길 수 있는데 그것을 임신이라고 한단다. 그래서 엄마 아빠가 될 준비가 된 어른이 성관계 후 임신을 하게 되더라도 아기를 낳을 수 있고, 키울 수 있다는 확신이 있을 때 성관계를 하는 게 옳은 일이란다. 물론 엄마 아빠도 아기를 낳을 준비를 하고 성관계를 해서 너를 임신하고 낳게 되었어."

자녀와 대화를 통해 자녀 스스로 깨닫고, 책임지는 성 행동을 할 수 있도록 지지해 줍니다.

이러한 이야기를 편하게 하기 위해서는 평소에 자녀와 성뿐만 아닌 다양한 대화를 나누어 자녀의 생각을 알고 있는 것이 좋고 아니더라도 상식선에서 이야기를 하면 됩니다.

"섹스는 아기를 가질 수 있는 중요한 행동을 의미하기도 하는데 친구들처럼 장난으로 이야기하면 될까? 친구들이 섹스를 장난처럼 이야기하더라도 너는 그렇게 이야기하지 않았으면 좋겠어. 생명을 가질 수 있는 책임감이 따르는 행동을 장난처럼 이야기하는 것은 옳지 않은 일이란다."라고 알려주시면서 성은 놀림이나 장난의 대상이 되면 안 된다는 것을 아이가 알 수 있도록 도와주시길 바랍니다. 이렇듯 섹스가 책임(섹스=책임)이라는 생각

을 가질 수 있도록 대화를 통해 깨달을 수 있도록 꾸준한 대화를

하는 게 필요합니다.

5. 어떻게 여자 몸으로 정자가 들어가요?(1)

찬성 씨의 6학년 아들은 학교의 보건수업에서 생명의 탄생을 배웠습니다. 정자와 난자가 만나 수정란이 되고 엄마의 뱃속에서 10개월 동안 자라는 태아의 모습은 경이롭기까지 했지요. 아기가 태어나는 과정의 동영상을 볼 때는 눈물도 찔끔 나는 것 같았습니다.

그런데 수업을 받고 난 후 끝임없이 드는 생각이 있었습니다.

"어떻게 여자 몸으로 정자가 들어가지? 친구가 남자와 여자가 안으면 들어간다고 했는데?"

아무리 생각해도 모르겠습니다. 그래서 엄마에게 물어보게 되었습니다.

"엄마, 엄마 몸속으로 아빠 정자가 어떻게 들어간 거야?"

이 질문은 과거에도 현재도 앞으로도 가장 인기 있을 성과 관련된 질문일 것이라 생각합니다. '아기는 어떻게 생길까?'를 넘어서 어떻게 여자 몸으로 정자가 들어가게 되는지 또는 엄마 몸으로 어떻게 아빠 정자가 들어가서 내가 생기게 되었는지는 이제 막성에 눈을 뜬 청소년기 아이들에게 남녀의 성관계는 미지의 세계이자 자신들에게는 금기된 비밀스러운 이야기입니다.

아이들이 음란물에 노출되기 전 부모님께서 어떻게 성관계를 통해 아이가 생기고 태어났는지를 자녀에게 이야기해 줄 수 있어야 합니다. 쑥스럽고 어렵지만 이렇게 중요한 이야기를 타인이 아닌 부모님께 듣는다면 그 아이는 최고의 행운아이지 않을까 생각합니다.

사랑하는 자녀에게 성관계를 설명하기 위해서는 먼저 자녀에게 건강한 성 가치관을 심어주겠다는 꺾이지 않는 마음과 자신감을 가지는 게 중요합니다. 그 사랑을 담은 마음으로 생명의 탄생과 연결 지어 너를 어떻게 임신했고, 낳았으며, 지금까지 키웠는지 설명해 주시는 것입니다. 아주 자연스럽게 물 흐르듯, 성이 우리의 삶에 일부이므로 내 자녀가 건강한 성 가치관을 갖고 책임질 수 있는 성관계를 가질 수 있도록 알려주세요.

생명의 탄생은 초등학교 보건 수업에서도 중요하게 다뤄지는 부분입니다. 가장 고전적인 성교육 내용이지만 아주 중요하기 때문입니다.

그렇다면 어떻게 엄마 몸으로 정자가 들어가는지에 대한 답을 해 볼까요?

자녀와 함께 생명의 탄생을 알아보기 전에 〈4부: 3장 나 생리 시작했어, 4장 아들 첫 몽정을 축하해〉 글을 자녀와 함께 읽어보신 후, 자녀의 이차성징 단계를 이해하고 자녀 또한 자신의 이차성징에 대한 이해가 필요합니다. 이 이야기를 하려면 생식기계 전반에 대한 이해가 선행되어야 하며 여성의 생리주기, 배란기 등과 남성의 발기, 사정에 대해 알아야 합니다. 그래야 생명의 탄생에 대해 정확하게 이해하고 생명의 소중함을 깨닫기 때문입니다.

지금부터 제가 쓰는 내용은 자녀의 첫 생리 또는 첫 몽정 ~ 청소년기 대상의 아이들 수준에 맞춘 내용이며 더 어린 친구들은 이해가 어려울 수 있습니다. 만약 더 어린 자녀가 있으시다면 내용을 충분히 이해하시고 자녀의 사춘기가 시작되면 그때 자세한 이야기를 함께 나누길 바랍니다.

실제로 학생들과 생명의 탄생 수업을 하다 보면 진지하게 물어보는 친구들이 종종 있습니다.

"샘, 도대체 어떻게 여자 몸으로 정자가 들어가요? 안으면 돼요?"

그러면 옆에서 한 친구가 진지하게 이야기합니다

"우리 엄마가 손잡고 자면 된다고 했어."

다들 자신이 아는 지식 안에서 이야기해 보지만 답을 알고 있는 친구들조차도 대답하기 부끄러워합니다. 궁금한 아이들은 눈을 동그랗게 뜨고 대답을 기다리지만, 이미 알고 있는 친구들은 키득키득 서로 눈을 맞추며 웃기 시작합니다.

앞장에서도 이야기했듯이, 이 질문에 대답할 때는 주저하지 않고 정확하게 생식기계 명칭으로 설명하는 것이 중요합니다.

"여성의 몸속으로 정자가 들어가는 과정은 앞서 함께 봤던 여성의 질 안으로 발기된 음경이 들어가서 사정을 하면 사정액 속의 정자가 여성의 몸속으로 들어가게 되는 거야."

이렇게 대답해 주면 생각보다 쿨하게 "아~ 그렇구나" 하고 넘어갑니다.

이때 부모님께서는 한 단계 더 나아가 아이들에게 알려주셔야 합니다. 여성의 질 안으로 남성의 발기된 성기가 들어가는 것을 성관계라고 알려주시고, 여성의 질 안에 남성이 사정을 하면 사정액 속에 있는 정자로 임신이 가능하다는 것과 어떤 상황에서 성관계를 할 수 있는지 명확하게 알려주셔야 합니다.

성관계는 아기를 가질 수 있는 행위이기 때문에 부모가 될 준비가 된 사람들이 하는 것이며, 그렇기 때문에 부모가 될 준비가 되지 못한 상태에서 아기를 갖게 되면 어떤 일이 일어날지 자녀들과 이야기해 보세요.

이 부분이 상당히 중요합니다.

이 부분을 설명할 때는 '고딩엄빠' 프로그램을 예로 들면 좋습니다. 생각보다 많은 아이들이 고딩엄빠 프로그램을 봤거나 알고 있기 때문입니다. 고딩엄빠 친구들은 대표적으로 준비되지 못한 부모의 선례입니다. 그 친구들을 비난할 의도는 아니고 다 불행한 것은 아니지만 생명을 선택했다는 이유로 학업을 포기하거나 경제적인 어려움으로 소득이 낮은 일자리를 찾아 일을 시작하는 모습들이 종종 방영됩니다. 심지어 가족에게 버려지기까지 하는 모습을 보면 정말 마음이 아픕니다.

고딩엄빠뿐만 아닌 준비되지 못한 상태에서 임신을 하게 되는 경우, 영아 살해, 영아 학대 등의 문제들이 많이 발생하고 있다는 것도 말해주어야 합니다. 지금도 아이들이 보고 있는 많은 뉴스에서 다루고 있는 내용들을 아이들과 함께 생각해 보시길 바랍니다.

무엇보다 준비된 부모 밑에서 태어난 생명이 축복받은 것임을 말해주어야 합니다. 우리의 자녀들이 준비된 부모가 되어 생명을 기다리고 키우는 일에 감사함과 행복을 느낄 수 있는 부모가 되기를 바란다고 전해 주세요. 이런 이야기하기에는 너무 어리다고요? 혹시나 아이에게 좋지 않은 영향을 줄까 봐 염려되신다고요? 그렇다면 어쩔 수 없지만 알 것은 알아야 피할 수 있습니다. 뭉뚱그려 말하면 아이들은 알아듣지 못합니다.

어떻게 엄마 몸으로 아빠의 정자가 들어갔는지 배웠으니 이제 엄마 몸으로 들어간 정자가 어떻게 난자를 만나 수정되고 임신이 되는지 알려줄 차례입니다.

아기가 어떻게 생기고 엄마 몸속에서 10개월 동안 어떻게 자라는지를 설명하는 일은 준비되지 않은 임신을 예방하기 위해 반드시 정확하게 알고 넘어가야 하는 부분입니다.

아이들이 궁금해하는 성관계와 직접적인 관련이 있기 때문에 아주 중요합니다. 부모님께서는 정확하고 명확하게 설명해 주시기를 바랍니다.

6. 어떻게 여자 몸으로 정자가 들어가요?(2)

생명의 탄생은 수정, 착상, 태아의 성장, 출산 과정 등 임신 전반의 과정을 의미합니다. 이 글을 읽고 계신 분들은 이미 임신과 출산을 경험하셨기 때문에 어렵지 않으시겠죠? 그렇다고 하더라도 기억을 더듬어 보시기 바랍니다.

저는 이 부분을 학생들에게 가르칠 때, 언제 너희는 가장 강하고 운이 좋았던 적이 있었는지 그때를 함께 알아보자며 아이들의 호기심을 자극합니다. 이 글을 읽고 계시는 여러분에게도 해당되는 이야기겠지요? 아래의 글을 읽고 우리가 가장 강했고 운이 좋았던 때를 알아봅시다.

1. 수정

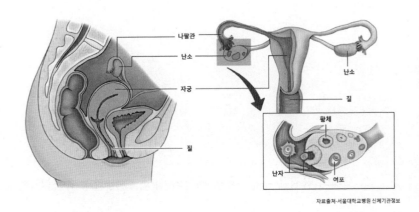

자료출처-서울대학교병원 신체기관정보

– 여성의 생식기계와 난소 내 난자 형성 과정 [4] –

• 난자

여성은 매달 배란기 때 난소에서 성숙한 난자가 1개가 배란됩니다.

(여성의 난소는 오른쪽 한 개, 왼쪽 한 개 총 2개이며 양쪽에서 번갈아

가면서 격달마다 배란이 됩니다. 이번 달에 오른쪽 난소에서 배란되었다면

---

4   "여성의 생식기계와 난소 내 난자 형성과정", 서울대학교 병원 신체기관정보, https://terms.naver.com/entry.naver?cid=51006&d
ocld=938538&categoryld=51006 (2025년1월9일 검색).

배란 후 오른쪽 나팔관 팽대부에 난자가 24시간 동안 생존해 있으며, 배란 되지 않은 왼쪽 나팔관에는 난자가 없습니다.)

배란된 난자는 운동성이 없으므로 난관에 있는 실 모양의 미세한 털인 섬모들에 의해 난관에 가장 넓고 편평한 부분이 팽대부로 이동됩니다. 배란된 후 24시간 이내에 정자와 수정하지 못하면 난자는 여성의 몸에 흡수됩니다.

• 정자[5]

건강한 남성은 하루 약 1억 개 정도의 정자를 생성하고, 사정 후 여성의 질 안에서 정자의 생존 시간은 약 72시간 정도입니다. 남성이 한 번에 사정한 정액 속에는 약 3억 마리 정도의 정자가 들어있으며 난자가 있는 나팔관의 팽대부까지 총 18cm 정도를 이동해야 합니다. 18cm는 정자의 몸길이에 3,000배에 해당하는 어마어마한 거리이며, 오직 선택된 단 하나의 정자만이 난자에게 진입하여 수정될 수 있습니다. 자연은 가장 강한 정자가 수

5   "아기의 탄생", https://www.youtube.com/watch?v=6A9g8IPw-BE&t=56s(2025sus (2025년 1월 12일 검색).

정될 수 있도록 온갖 난관을 준비해 두었습니다

♥ 정자의 1차 관문 : 질 (8cm 정도)[6]

여성의 질 안에는 질 분비물과 점액 등으로 인해 끈적끈적합니다. 난자까지의 거리는 대략 18cm이며, 170cm인 성인 남성이 5km를 헤엄쳐서 가야 하는 거리 정도입니다. 정자가 최고 속력으로 헤엄쳐도 1분에 3mm를 갈 수 있습니다. 이때 감각기관이 없고 운동성만 있는 정자는 서로 부딪치고 깨지면서, 혹은 지쳐서 90%가 죽게 됩니다.

♥ 정자의 2차 관문 : 자궁경관 ~ 난자가 있는 나팔관의 자궁 팽대부 (10cm 정도)

살아남은 최강의 10%의 정자들은 일생일대의 결정을 해야 합니다. 난자가 어느 쪽에 있는지 모르기 때문입니다.

위에서 적었듯 난자는 매달 다른 쪽에서 배란되기 때문에 오른

6 "태아 1부 만남", https://www.youtube.com/watch?v=J6yIQkMNmb0 (2025년 1월 12일 검색).

쪽 나팔관에 난자가 있을지, 왼쪽 나팔관에 난자가 있을지 아무도 모르며 오직 정자의 운에 달려있습니다.

♥ 정자와 난자와 대면[7]

3억 마리중 최강의 힘을 가지고 억세게 운까지 좋은 오직 500~200여 마리의 정자만이 드디어 자신보다 100만 배 더 큰 난자를 대면합니다. 최고의 정자 중 누가 먼저 수정이 될 것인지는 최선을 다해 누구보다 빠르게 난자 안으로 진입하는 정자에게만 해당합니다. 최후 승리자인 정자 한 개가 난자로 진입한 순간 그 즉시 난자는 표면에 전기를 발생시키고 이때의 충격파로 난자막의 성질이 완전히 변하여 나머지 정자들의 진입이 차단됩니다. 그 운 좋은 정자가 난자와 만나는 것을 수정이라고 하며, 인체에서 가장 작은 세포와 가장 큰 세포의 만남입니다. 이렇듯 정자와 난자가 만나기 위해서는 어마어마한 어려움이 있습니다.

가장 어려운 것은 바로 시간입니다. 여성의 몸에 정자가 들어왔

---

7 "현미경으로 들여다 본 자궁 속의 성장", https://www.youtube.com/watch?v=4RFtSkpLMtk&t=90s (2025년1월12일 검색).

다고 하더라도 난자가 없거나, 배란이 되었더라도 정자가 없으면 당연히 임신은 불가능합니다. 이 때문에 임신 가능 시간은 여성의 배란 전 24시간부터 배란 후 24시간, 총 48시간 정도입니다. 그 짧은 시간 동안 정자는 위의 모든 관문을 통과하고 수정까지 해내야 임신이 가능합니다. 임신이 이렇게 어렵습니다.

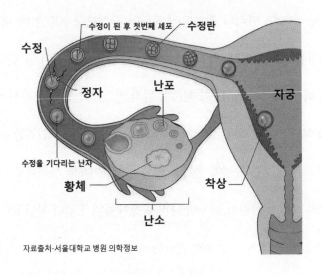

자료출처-서울대학교 병원 의학정보

– 수정란의 착상 과정[8] –

---

8 "착상과정", 서울대학교 병원 의학 정보, https://terms.naver.com/entry.naver?docId=927599&cid=51007&categoryId=51007 (2025년1월9일 검색).

102

2. 착상

수정된 후 부모 양쪽에서 받은 23쌍의 염색체가 수많은 세포 분열을 통해 수정된 지 약 7일 정도 후 자궁 내벽에 착상합니다. 그리고 수정 후 약 3주 후 태아의 첫 심장이 뛰기 시작합니다.

이 장에서는 수정과 착상까지 생각해 봤습니다.

아이들에게 자신들의 임신 과정과 탄생의 순간을 알려주는 가장 큰 목적은 자신이 얼마나 소중한 존재인지를 깨닫는데 도움을 주기 위해서입니다.

생명 탄생의 이야기를 함께 나누면서 자녀에게 "너는 그 누구보다 소중한 단 하나의 존재"임을 알려주시기를 바랍니다. 또한 자녀가 미래에 갖게 될 아이에 대한 책임감을 가지도록, 무엇보다 준비되지 못한 임신이 얼마나 위험한지를 알게 되는 시간이 되기를 바랍니다. 평소에 자녀에게 자기 몸과 친구의 몸을 지켜주는 것이 왜 중요한지 대화해 보시길 바랍니다.

준비되지 못한 상황에서 원치 않은 임신은 가장 아름다운 청소년기를 빼앗게 됩니다. 안타깝게도 저는 십 대 임신이야말로 청소년기를 강탈당하는 가장 큰 아픔 중 하나라고 생각합니다. 우리는 청소년기에만 누릴 수 있는 많은 아름다운 것들을 알고 있습니다. 부디 자녀가 아름다운 청소년기를 건강한 성 가치관을 가지고 꿈꿀 수 있도록 도와주시는 부모님이 되시기를 바랍니다.

7. 나는 똥구멍에서 나온 거야?

찬성 씨는 생명의 탄생과 관련하여 임신 전반에 대한 이야기를 아들과 나

누었습니다. 잘 듣고 있던 아들이 질문 합니다.

"그러면 나는 똥구멍에서 나온거야?"

헉! 속으로 생각했습니다.

'아, 어디서 나오는지도 알려줘야 하는구나.'

이 질문은 5학년 때 아들이 제게 했던 질문입니다. 이 질문을 듣고 난 후 아이에게 성 관련 이야기를 하는 것이 생각만큼 쉬운 것이 아님을 알게 되었습니다. 한번 성 이야기를 아이들과 나누

기 시작하면 끊임없는 창의적인 질문들이 쏟아집니다. 그 질문에 아이가 건강한 성 가치관을 갖도록 대답해 주어야 하기 때문에 더 어려웠습니다. 그래서 이 글을 읽고 계시는 분들이 얼마나 어려울지 잘 알고 있습니다.

아이는 구체적으로 아기가 나오는 길을 물어보고 있습니다. 자신이 엄마에게서 태어난 것은 알겠는데 도대체 어디서 나왔는지 궁금합니다. 고민 끝에 '아! 똥이 나오는 길로 나왔구나?'라는 답을 얻고 제게 확인하기 위해 질문을 한 것이었습니다.

저는 뭐라고 대답을 해야 할까요?

"아니, 아기가 나오는 길은 따로 있어."

이렇게 시작하면서 앞장 내용인 〈어떻게 여자 몸으로 정자가 들어가요?〉를 참고하여 아이에게 생명의 탄생과 연결해서 말해 주면 좋습니다. 자신이 어떻게 엄마의 몸에서 자라게 되었고 어떤 과정으로 자라서 아기가 나오는 길로 나오게 되었는지를 알아야 합니다.

그런데 이때 필요한 것이 하나 더 있습니다. 어딘가에 소중히 간직한 아이의 초음파 사진이 필요합니다. 아이의 초음파 사진을 보면서 뱃속에서 어떻게 자랐는지 아이와 이야기해 보는 것을 추천합니다. 만약 초음파 사진이 없다면 인터넷 태아 사진을 검색해 보면 임신 주수별 태아의 모습이 잘 나와 있습니다. 초음파 사진을 보면서 네가 엄마 아빠에게 와서 얼마나 행복했고, 감사했는지 마음껏 알려주세요.

엄마의 뱃속에서 10개월간 아이는 함께 했고, 엄마는 심장이 두 개인 사람으로 살면서 오직 바라는 것이 아이가 건강하고 행복하게 태어나는 것뿐이었다는 것을 알려주면 좋습니다. 이때는 조금 생색내셔도 좋습니다. 아이가 건강하게 자라기를 바라기 때문에 엄마는 아파도 약도 함부로 못 먹었고, 먹고 싶은 커피, 탄산 등도 참으면서 음식도 좋은 것만 먹고, 좋은 생각만 하려고 많이 노력했다고 말입니다. 또한 입덧할 때는 얼마나 힘들었는지를 말해주면서 냉장고 냄새만 맡아도 헛구역질이 나고 가만히 있어도 배를 탄 것처럼 울렁거려서 너무 힘들었지만 그래도 네가 와줘서 정말 감사하고 행복했다고 말해주세요.

또한 너를 만나기 위해 아빠와 엄마가 얼마나 노력했는지를 알려주면 좋습니다. 아이가 태어나기 전부터 기다렸고 뱃속에 있을 때도 건강하게 만나기 위해 엄마아빠는 많이 기도하고 기다렸다고 말해주시면 아이는 부모님께서 자신을 얼마나 사랑하고 소중한 존재로 여기는지 깨닫게 될 것입니다.

사랑받았던 기억은 힘이 셉니다.
그 어떤 어려움도 이겨낼 힘을 줍니다.

이제 아기가 나오는 길을 알아볼까요? 아기가 나오는 길을 산도라고 부르며 여성이 생리할 때 생리혈이 나오는 길이기도 합니다. 정확한 명칭은 '질'입니다.

아이에게는 엄마의 자궁 안에서 10개월 동안 태아가 자라고,

출산이 가까워지면 아기는 질을 통해 나오게 되는데 이때 아기도 엄마도 함께 노력해야만 건강한 출산이 가능함을 알려주세요.

아기가 나오는 과정을 다룬 짧은 다큐멘터리를 함께 보면서 아기와 엄마가 모두 노력했고, 그때 아빠는 엄마를 응원하면서 엄마의 불안과 통증을 감소시키는 데 큰 도움을 줬다는 점을 같이 말해 주세요. 만약 아빠가 자녀의 탯줄을 잘라줬다면 아이에게 아빠가 탯줄을 잘라줬고 탯줄을 자르면서 느꼈던 감정, 처음 너를 만났을 때 그 기억을 아이에게 말해주면 더욱 좋습니다.

생명을 잉태하고 출산하는 모든 과정에서의 주인공은 태아와 엄마입니다. 그리고 제가 생각하는 최고의 조연은 바로 아빠입니다. 아빠가 엄마 옆에서 임신기간 중 나날이 살이 쪄가고 망가지는 몸매를 보며 속상해하는 엄마를 다독이고, 튼살 크림을 발라주며, 아기와 태담을 나누며, 부운 발을 주물러 주는 등 함께하는 시간이 있었기에 지금의 네가 있을 수 있었다고 말해주면 좋습니다.

우리는 모두 처음 부모가 되었습니다. 처음 부모가 되었기에 실수도 많았고, 밤새 고열에 시달리는 아기를 붙잡고 많이 울었고, 다치기라도 하면 죄책감에 힘들기도 했습니다. 아이를 키우며 아이로 인해 생긴 보석 같은 기억들이 모여 지금 내 앞에 있는 소중한 내 아이가 이 세상을 살아가고 있습니다.

이 사랑스럽고 소중한 아이를 위해 우리는 용기를 내서 성과 관련된 이야기를 해야 합니다. 성과 관련된 문제나 궁금한 점이 생겼을 때 물어볼 사람이 인터넷이나 또래 친구 또는 선배들이 아닌 바로 부모여야 합니다. 더 나아가 아이들이 건강한 청소년기를 누릴 수 있도록 행복을 지키고 건강한 가정을 이루는 준비를 할 수 있도록 부모님께서 지지해 주시고 지켜주시길 바랍니다.

8. 혐오범죄가 무슨 말이야?

찬성 씨는 자녀와 TV 뉴스를 보던 중 경남 진주의 한 이십 대 남성이 편의점에서 일하는 여성을 머리가 짧은 것을 보니 페미니스트라며 폭행하고, 폭행을 저지하려는 50대 남성에게도 폭행을 행사한 사건을 보게 되었습니다. 뉴스에서는 최근에 혐오범죄가 증가하고 있다고 보도했습니다.

뉴스를 찬찬히 보던 아이는 "혐오범죄가 무슨 말이에요?"라고 물었습니다.

찬성 씨는 이 어려운 젠더 갈등을 어떻게 이야기해 주는 것이 좋을지 고민하고 있습니다.

찬성 씨의 자녀는 최근 우리나라에서 양성 갈등이 심화되어 혐오범죄가 증가한 것과 관련된 질문을 하고 있습니다. 혐오범죄(증오범죄)란 소수인종이나 소수민족, 특정종교인 등 자신과 다른 사람 또는 장애인, 노인 등 사회적 약자층에게 이유 없는 증오심을 갖고 불특정한 상대에게 테러를 가하는 범죄행위를 일컫는 말입니다.[9]

한국형사정책연구원의 선임연구위원인 박형민은 말하길, 혐오범죄(hate crime)는 "어떤 대상에 대해 극단적인 선입견을 가지고 특정 집단이나 개인에 대한 혐오가 폭력적으로 표출되는 범죄를 설명하는 개념" 이라고 설명했습니다.[10]

아직 가치관이 형성되기 전인 청소년기에 자신이 사랑하고 배려해야 할 반대의 성을 혐오하는 일에 노출된다면, 후에 자신과는 다른 소수인종, 사회적 약자 등에 대해 혐오감을 느끼고 그에 따른 폭력적인 언어와 거침없는 폭력을 행사할 가능성이 있다는 건 예견할 수 밖에 없는 일입니다.

---

9 "증오범죄", https://terms.naver.com/entry.naver?docId=72338&cid=43667&categoryId=43667 (2024년12월26일 검색).

10 "페미니스트는 맞아야 한다고 했는데 무차별 폭행", https://www.ohmynews.com/NWS_Web/View/at_pg.aspx?CNTN_CD=A0002976394 (2023년11월9일 검색)

그렇다면 아직 자신과 반대의 성에 부정적인 감정을 가지고 있지 않은 자녀에게 자신과 반대의 성을 이해하고 배려하는 태도를 길러주기 위해 우리는 어떻게 도와줄 수 있을까요?

이를 위해 우리는 성(sex)에 대해 생각해 볼 필요가 있습니다.

잘 알고 계시듯이 우리가 알고 있는 "섹스(sex)"는 아주 포괄적인 단어입니다. 영어사전을 보면 섹스는 1. 성, 또는 성별(gender) 2. 남성 또는 여성의 집단 3. 성행위[11]로 나와 있습니다.

우리는 자녀에게 성(sex)을 크게 3가지로 설명해 줄 수 있습니다.

첫 번째로 생물학적인 성입니다.

이것은 말 그대로 태어날 때부터 주어진 성을 의미합니다. 사람은 태어날 때 남자의 성기를 가지고 있으면 남자, 여자의 성기를 가지고 있으면 여자가 됩니다.

11 "sex", https://search.naver.com/search.naver?where=nexearch&sm=top_hty&fbm=0&ie=utf8&query=sex (2024년12월26일 검색).

두 번째는 사회적 의미의 성(gender)입니다. 젠더는 사회적 역할이나 성 정체성 등을 포함하는 포괄적 용어로 정의되고 있습니다. 우리나라는 성 역할 고정관념이 강한 나라입니다.

전통적인 가부장적 문화의 영향으로 남아선호사상이 강하고, 상대적으로 여성의 지위는 낮아 여성의 사회 진출이 증가하여 남성과 같은 직업을 갖게 되더라도 여성에게 요구되는 여성스러움, 아내, 어머니의 역할이 상대적으로 강하게 강조되고 있었습니다. 반면, 남성은 사회적으로 강인함, 감정표현의 절제, 경제력 등을 요청받았습니다. 이런 문화적이고, 사회적인 역할이 젠더의 의미입니다.

마지막으로 총체적인 의미(Sexuality)의 성입니다. 섹슈얼리티는 말 그대로 생물학적인 성과 사회적 의미의 성을 결합한 성을 의미하며 사회가 요구하는 역할, 성 의식, 성 가치관, 성별, 성관계 등을 포괄한 성입니다.

2023년 통계청이 발표한 저출산과 우리 사회 변화[12]에 따르면 맞벌이 부부의 가사노동 시간은 아내 3시간 7분, 남편 54분으로 조사되었습니다. 아내만 취업한 외벌이 가구의 경우에도 아내의 가사노동 시간은 2시간 36분으로 남편(1시간 59분)보다 37분 더 길었습니다. 이는 여성의 취업 여부와 상관없이 여성이 더 많은 가사부담을 하고 있다는 것을 보여줍니다.

우리나라는 건강한 성인 남성이라면 의무적으로 군 복무를 해야 합니다. 아들이 5살 때 어디서 듣고 왔는지 울면서 군대 가기 싫다고 말한 적이 있습니다. 육군은 18개월, 해군은 20개월, 공군은 21개월 동안 국가를 위해 복무해야 합니다. 남자들이 군대에 가는 동안 여성은 사회 진출을 위해 스펙을 쌓거나 취업을 합니다. 또는 자기계발 등의 자유로운 선택을 할 수 있습니다. 이를 남성들은 부당하다고 생각하고 여성에 대한 역차별을 호소합니다.

실제로는 남성과 여성의 갈등의 원인이 셀 수 없이 많겠지만 위

---

12 "저출산과 우리사회의 변화", 통계청, 2023년 7월, 13.

의 사례가 가장 표면적인 원인이라고 생각합니다. 우리나라는 이렇듯 여성과 남성의 갈등의 씨앗이 많이 존재하는 나라입니다. 어렸을 때부터 자신과 반대의 성과 관련하여 건강하게 생각하지 못하면, 왜곡된 사고에 휩싸여 상대의 성을 혐오하는 지경에 이르게 될 수 있습니다.

아이에게 양성 갈등에 대해 더 자세히 설명해 줄 필요가 있습니다. "우리나라는 남성과 여성이 서로를 이해하기 어려운 다양한 원인이 있는 나라야. 왜냐하면 전통적인 농경사회에서는 힘을 많이 쓰는 일을 할 수 있는 남성이 여성보다 사회적 지위가 높았어. 지금도 남성이 여성보다 힘이 강하잖아. 그에 반해 여성은 가정에서 자녀를 양육하거나 부모님을 모시는 등의 역할을 해야 한다고 생각했어.

그런데 우리나라가 급격하게 산업화가 진행되면서 여성도 남성만큼 사회 진출이 활발하게 되었어. 그래서 이제는 여성이 집에 없고 남자처럼 같이 일하게 되었어. 그런데 사회는 변하지 않았던 거야. 여전히 여성에게 이전과 같은 가정 내에서의 역할과 여성다움을 요구하니 여성들이 힘들다고 했어.

반면 여성들이 사회 진출을 하다 보니 남자들은 소외된다고 느끼고 아까 말한 것처럼 남자들은 의무적으로 군대를 가야 하잖아. 그래서 여성은 여성대로 사회구조적인 문제로 힘들고, 남성은 남성대로 역차별적인 감정을 느끼면서 양성 갈등이 더 심화되었고, 그것이 '혐오'라는 단어로 표현되고, 슬프게도 그에 따른 범죄도 증가하고 있어."

이렇게 이야기하시면서 성 역할에 대해 자연스럽게 시작해 볼 수 있습니다. 자녀와 함께 사회구조적인 문제를 이야기해 보고, 아이가 남성과 여성의 사회적 문제를 건강하게 바라볼 수 있도록 이야기해 보시길 바랍니다.

저는 수업 중 위의 내용과 관련된 성 역할에 대한 이야기를 많이 나누는데 초등학생 아이들도 사회 구조적인 문제점을 잘 이해하고 있다는 게 신기했습니다. 가정에서부터 아이의 건강한 성 가치관 형성을 위해 나와 다른 성을 이해하고 배려하는 노력을 할 수 있도록 부모님이 먼저 행동해야 합니다. 남성은 여성을 위해, 여성은 남성을 위해 말입니다.

3부

내 아이의

야동중독

찬란한 너의 성을 응원해

찬란한 너의
성을 응원해

1. 야동, 보고 싶어서 본 것이 아니에요

찬성 씨는 초등학생 아들의 휴대폰으로 유튜브를 검색하려다 깜짝 놀랐습니다.

검색 기록에 '여자 성기, 여자 음순' '거대유방' 등의 검색 기록이 남아있었기 때문

입니다. 떨리는 손으로 자녀의 폰에 기록된 접속기록을 찾아보니, 눈 뜨고 보기 어

려운 야릿한 야동 링크들이 주르륵 나오는 것이 아니겠습니까? 야동을 성인인증 없

이 볼 수 있다는 것도 충격적이었지만, 자신의 자녀가 어떻게 이 사이트를 알고 들

어갔는지 더 놀랐습니다. 입이 바짝 마릅니다.

이럴 때는 어떻게 해야 할지 그 어디서 배운 적도 없습니다. 남편에게 말했

더니 남의 집 자식 이야기하듯 "뭐, 애들이 궁금할 수 있어. 나도 그랬어"라며 심

드렁하게 이야기할 뿐입니다. 당연한 일이라고 생각하고 넘어가야 할까요? 모

르는척해 줘야 하는 걸까요? 정말 모르겠습니다.

보건 수업 시간에 음란물 수업을 할 때가 있습니다. 수업을 하다 보면 음란물에 대한 학생들의 지식과 경험의 격차가 아주 크다는 것을 깨닫습니다. 다른 선생님들께서도 수학이나 영어 등을 가르칠 때 선행학습을 한 학생과 학교에서 처음 배운 학생의 격차가 크다고 종종 말씀하시는데 음란물도 마찬가지입니다.

학교 수업 중 음란물에 관해 물어볼 때 이미 음란물 선행학습을 한 친구들은 아주 자신감 있지만 말은 할 수 없는 표정을 짓고 있습니다. 선생님이 말하는 음란물 즉 "야동"을 다 알고 있다는 것입니다. 그런데 그 친구들은 무엇을 아는 것일까요? 음란물을 어떻게 볼 수 있는지? 음란물은 어떤 내용 인지? 이미 음란물이 무엇인지 잘 알고 있다고 생각하며 자신들은 거의? 성인과 같다는 착각을 합니다.

이 글을 읽고 계시는 여러분은 음란물이 어떤 것이며, 자라나는 아이들에게 음란물이 어떤 영향을 미치는지 고민해 보셨을까요? 대다수의 아빠들은 "뭐, 그런 거 다 보는 거지, 나도 봤고, 괜찮아, 자라면서 다 보는 거야" 라며 대수롭지 않게 넘어가는 경우가 많았고, 어머님들은 나쁜지는 알지만 어떻게 자녀에게 말해야 할지 모르겠다는 분들이 많았습니다.

우리나라는 청소년 보호정책 수립에 필요한 기초자료로 활용하기 위해 2년마다 초등학교 4학년부터 고등학교 3학년을 대상으로 '매체이용 및 유해환경 실태조사'를 실시합니다. 2020년 조사 결과와 비교하여 2022년에 큰 충격을 주는 결과는 초등학생의 성인용 영상물 이용률이 2016년 18.6%→2018년 19.6%→2020년 33.8%→22년 40%로 지속적으로 증가하고 있다는 것입니다.[1] 매우 속상하고 염려스러운 일입니다. 이는 성인용 영상물을 접하게 되는 나이가 점점 어려진다는 것을 의미하며, 아직 정서적으로 미성숙한 초등학생들이 성인용 영상물 중독, 성희롱, 성폭행 등 성범죄에 더 쉽게 노출되고 있고, 노출되었음을 의미합니다.

---

[1] "2022년 청소년 매체이용 및 유해환경 실태조사", 여가부, 2022년 12월, 6.

학교급별 성인용 영상물 이용률

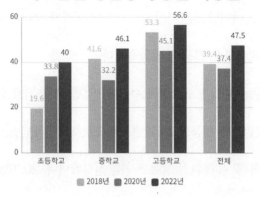

그렇다면 어떻게 초등학교 저학년이 성인용 영상물에 노출되고 있는 걸까요? 조금 오래된 자료이기는 하나 '2017년 초등학생 성 의식 및 성교육 실태조사'에 따르면 55.2%가 우연히, 22.2%는 스마트폰을 검색하다, 5%는 컴퓨터 하다가 음란물에 접하게 되었다고 합니다.[2]

우연히 스마트폰 검색하다가, 컴퓨터 하다가 접하게 된 경우가 대다수인 것입니다. 즉, 아이들이 음란물을 보게 된 것은 성적인 호기심으로 찾아봤다기보다는 우연히 검색하다가 무분별하

2 "2017년 초등학생 성 의식 및 성교육 실태조사", 한국교직원공제회, 2018년 6월.

게 노출되어 있는 것을 접하게 된 것입니다. 우리 아이들은 일부 양심 없는 어른들의 돈벌이 수단인 음란물에 아무런 제재 없이 고스란히 노출되는 피해를 입게 됩니다.

이 때문에 음란물을 보게 된 아이들은 잘못이 없습니다.

음란물을 만들고 유포한 양심 없는 무책임하고 파렴치한 어른들의 잘못입니다. 어른들처럼 목적의식을 가지고 음란물을 검색해서 결과를 얻지 않고 우연히 얻어걸린 것이기 때문에 학생들의 정신적인 충격이 크고 보고 싶은 호기심 또한 커지게 됩니다.

우연히 노출되었기 때문에 음란물이 잘못된 것임을 모르는 상태에서 빠르게 빠져들게 되고, 결국 건강한 성 가치관을 형성하지 못한 채 잘못된 성 가치관을 갖게 되기 쉽습니다.

이미 음란물에 노출되어 아이가 취미처럼 보고 있다거나, 부모의 눈을 피해 계속해서 보고 있다면 우리 아이는 되돌릴 수 없는 것일까요?

저는 되돌릴 수 있다고 자신 있게 말할 수 있습니다.

이미 음란물에 노출된 경우라도 음란물의 문제점과 음란물이 미치는 영향에 대해 알고, 잘못된 것임을 스스로 깨닫는다면 음란물 중독을 예방할 수 있고, 건강한 성 가치관도 형성할 수 있습니다. 여기서 중요한 것은 스스로 깨달아야 하는 것입니다.

이를 위해 우리 어른들은 아이들에게 음란물이 얼마나 나쁜 영향을 미치는지, 어떤 목적으로 만들어졌는지, 어쩌다가 사회에 악 같은 존재가 되었는지 아주 적나라하게 알려줘야 합니다. 아이들이 알아야 스스로 피할 수 있습니다. 두리뭉실하게 '그냥 나쁜 거야'라는 말로는 똑똑한 우리 아이들을 설득할 수 없습니다. 논리적으로 이해시키고 스스로 멀리하도록 이끌어야 합니다. 그것이 부모님과 저에게 주어진 역할이라고 생각합니다.

저는 학교에서 음란물 수업을 공들여서 하는 편입니다. 수업할 때는 아이들 모두 음란물의 나쁜 점을 깨닫고 우연히 접하더라도 피해야 하는 것을 다 알고 있는 것 같습니다.

그러다 방학이 지나면 상황이 역전됩니다. 긴 방학을 보내고 나면 어떤 아이들은 음란물에 노출되어 학교 복도에서 "섹스, 섹스" 라고 소리치기도 하고, "저 애랑 자고 싶다", "가슴 만져보고 싶다" 등의 말을 하거나 교실 한쪽에서 친구 몸에 기대고 허리를 흔드는 등 야동에서 본 장면을 따라 하는 경우가 있습니다. 이런 장면을 마주칠 때면 학교에서 하는 수업으로는 한계가 있고, 가정에서 부모님과 대화하고 내면화하는 것을 따라갈 수 없다는 것을 깨닫습니다.

부모의 성교육은 찬란한 우리 아이의 성을 응원하는 사랑입니다. 이제는 아이들과 함께 음란물에 대한 깊고 솔직한 이야기를 해야 할 때입니다. 그리고 왜 음란물에 노출되기 전에 아이들에게 음란물의 나쁜 점을 알려주어야 하는지, 어떤 영향을 미치기에 멀리해야 하는지, 어떻게 해야 아이들 스스로 멀리할 수 있을지 자녀와 함께 고민해 보시기를 바랍니다.

2. 왜 음란물이 나쁜 거죠?

앞글에 이어 야동, 즉 음란물에 관한 이야기를 해보고자 합니다. 여러분은 왜? 음란물이 나쁘다고 생각하시나요? 분명히 나쁘다는 것을 알겠는데 뭐라고 딱 정의 내리기 어렵습니다.

유해무익(有害無益)이라는 사자성어가 있습니다. 어떤 일로 인해 얻는 결과가 나쁜 점만 있고 좋은 점은 하나도 없는 것이라는 뜻입니다. 저는 이 사자성어가 음란물을 대표하는 말이라고 생각합니다. 음란물로 얻게 되는 이익은 하나도 없지만 얻게 되는 나쁜 점은 셀 수없이 많습니다.

〈신문이 보이고 뉴스가 들리는 사춘기와 성 이야기〉에서는 음란물을 아래와 같이 설명했습니다.[3] "음란물이란 돈을 벌기 위한 목적으로 성기와 성행위만을 강조하여 그것을 읽거나 보는 사람이 성적으로 흥분하게 만드는 글, 사진, 영화, 만화, 잡지 등을 말합니다. 음란물은 돈을 벌기 위해 만들었기 때문에 자극적이며 비정상적인 장면이 많습니다. 예를 들면, 음란물 속의 남자와 여자는 서로를 존중하고 배려하며 사랑을 나누는 성관계가 아닌 자극과 흥분을 위한 성관계만을 합니다. 남자들의 일방적인 행동에 여자들의 과장된 소리와 몸짓으로 좋아하는 모습을 보여주기도 합니다. 어린 나이에 이런 음란물을 접하게 되면 정신적인 충격을 받게 되어 심한 죄책감과 수치심을 느끼기도 하고 잘못된 성 가치관을 가지게 될 수 있습니다."

자녀가 음란물을 보았다는 것을 알게 되었다면 음란물이 상업적인 목적으로 성적 자극을 위해 과장되게 꾸며진 내용이라는 사실을 알려주고, 음란물을 보는 행동이 아닌 음란물의 내용이 잘못되었다는 것을 알려주어야 합니다. 또한 과장되게 꾸며진 음

---

3 이명화, 양윤경, 「신문이 보이고 뉴스가 들리는 사춘기와 성 이야기」, 가나출판사, 2017, 130-131.

란물 속의 폭력적이고 비인간적인 내용들이 정상적인 연인 사이에서는 이루어지지 않는다는 것을 알려주면서 음란물의 비정상적인 내용에 속지 않도록 당부해야 합니다.

위에도 말씀드렸듯이 음란물은 나쁜 점이 아주 많습니다. 음란물은 일탈적이며, 비정상적이고, 폭력적입니다. 음란물 자체가 상업적인 목적으로 만들어졌기 때문에 사람을 물건 취급합니다. 물건은 쉽게 살 수 있고, 지겨우면 버리고, 다른 사람과 교환하기도 하고 장난치고, 마음에 안 들면 부숴버릴 수도 있습니다.

음란물은 아이들에게 사람을 물건처럼 인식하도록 만들어 잘못된 성 가치관을 형성합니다.

그 결과 장난으로 친구 얼굴을 합성한 딥페이크를 만들어 유포하고, 연인 사이에 자신의 의견을 따르지 않거나 이별을 요구하면 폭력 및 살인을 저지르는 일 등이 현재 우리나라에서 발생하고 있습니다.

그리고 음란물에 등장하는 다양한 성관계를 통해 성 정체성에 혼란을 주며, 성적 쾌락의 잘못된 설정으로 자녀는 무의식적으로 변태적인 성행위를 일반적인 성행위로 받아들이게 만듭니다. '만화는 괜찮겠지'라고 생각하는 부모님이 많으나 성인 웹툰은 동영상으로 표현하기 어려운 것들을 그림으로 표현하면서 관계적인 금기를 모두 파괴하고, 아이들의 성적 상상력을 자극하여 더욱더 위험한 결과를 초래할 수 있습니다.

이러한 음란물은 일상의 모든 관계를 성적 대상화되도록 만들며 우리 아이들을 음란물 중독으로 이끌어갑니다.

아이들에게는 음란물에 나오는 모든 것들이 다 허구이며 돈을 많이 벌기 위하여 사람들을 성적으로 자극하도록 만들어진 것임을 알려주면서 사람은 소중한 존재이며 예의를 지키고 배려하고 존중해야 함을 알려주어야 합니다.

음란물의 나쁜 점에 대해 조금 더 자세히 정리해 보겠습니다.

첫째, 음란물은 기억력을 감퇴시킵니다.

독일 뒤스부르크대에서 2012년 시행한 연구에 따르면 음란물을 많이 시청한 그룹이 그렇지 않은 그룹보다 기억력이 13% 떨어졌으며, 연구팀은 뇌에서 계산과 기억 등을 관장하는 대뇌피질이 쪼그라들면서 기억력이 떨어지게 된 것으로 분석했습니다.[4] 아이들에게 음란물에 지속적으로 노출되면 공부를 해도 기억력이 감소되어 노력한 만큼의 효과를 얻기 어렵다고 말해주세요.

둘째, 음란물은 뇌의 충동성을 증가시킵니다.

위의 연구결과에 따르면 충동성을 관장하는 전 전두엽 능력을 감소시켜 즉각적인 보상을 추구하게 되어 인내심을 필요로 하는 학업이나 업무에 문제를 야기할 수 있다는 연구결과를 도출했습니다. 모든 일에는 인내심이 요구됩니다. 아이뿐만 아닌 어른들도 스스로 통제하고, 자신의 욕구를 지연시키며 조절할 수 있는 능력은 건강한 사회인이 되기 위한 중요한 덕목으로 지목되고 있습니다. 아이들에게 지속적인 음란물 시청은 자기 통제력과 조절 능력을 감소시켜 스스로 삶을 개척하는 데 어려움을 줄 수 있다

---

4 "야동을 자주보면 우리 뇌가 이렇게 변합니다", 위키트리, 2021년 7월 8일.

고 말해주세요.

셋째, 성범죄자가 될 가능성이 높아집니다.

2012년 법무부가 한국 형사정책 연구원에 위탁한 '아동 음란물과 아동 성범죄의 상관관계' 연구 결과 일반인의 38.3%, 성범죄자의 56.8%가 '음란물이 성범죄에 영향을 미친다'[5]고 답했습니다. 또한 미국 유타대학교의 임상심리학 교수 빅터 클라인 박사는 음란물 사용자에 관한 연구에서 '음란물을 많이 보는 사람이 성범죄자가 될 확률이 높다'라는 연구 결과를 발표했습니다.[6]

음란물은 뇌의 충동성을 증가시키고 즉각적인 보상을 위해 충동적인 성 행동을 유발하여 성범죄로 이어지게 하는 것입니다.

넷째, 음란물은 발기부전과 조루증을 유발할 수도 있습니다.[7]

미국 군의학 저널에 따르면 20~40세 비뇨기과 환자 설문 결과 파트너와 성관계보다 음란물을 선호하는 사람은 발기부전 발생률이 78%로 가장 높은 결과를 초래했습니다. 이는 음란물 속 자

5 "아동음란물과 아동성범죄의 상관관계", 법무부, 2013년 1월.

6 이명화, 양윤경, 『신문이 보이고 뉴스가 들리는 사춘기와 성 이야기』, 가나출판사, 2017, 130-131.

7 "음란물 본 남편, 갑자기 거친 성행위 요구 30대 女고충토로, 무슨사연?", 헬스조선, 2024년 12월 9일.

극적인 성관계와 실제 성관계의 괴리감 때문이며, 성 파트너를 보며 음란물 속 여성을 떠올리다 조루증이 생기는 경우도 있기 때문입니다. 자녀가 꾸준히 음란물에 노출될 경우 미래의 성 파트너와 건강한 성관계를 갖기 어려운 결과를 초래할 수 있고 이에 따라 자신감 결여, 정상적인 이성관계를 형성하기 어려움 등의 문제가 발생할 수 있습니다.

다섯째, 음란물로 인한 우울증에 빠질 수 있습니다.

음란물에 지속적으로 노출되다 보면 음란물 외에 다른 것으로부터 기쁨을 느끼지 못하게 되면서 우울해질 수 있습니다. 음란물을 보면 안 되는 것을 알지만 계속 보고 싶고, 보면 안 된다는 자신의 생각과 부모님 몰래 보고 있는 현재 행동에 괴리감을 느끼며 자신에 대한 믿음이 약화됩니다. 이 결과 자존감이 저하되고 우울증에 빠지게 되는 것입니다.

여섯째, 초중고딩엄빠가 될 수 있습니다.

아직 뇌가 미성숙한 청소년들은 음란물 속의 성관계가 전부라고 생각하며, 온라인상에서 쉽게 접할 수 있는 음란물을 보면서 실제로 따라 해보고 싶은 욕구를 갖습니다. 그 결과 초중고등학생들은 이성 교제를 하면서 자연스럽게 스킨십을 하며 자신들이 봤던 음란물을 따라 하면서 성관계를 갖고 원하지 않는 임신을 초래하게 됩니다.

이제 왜 우리 자녀가 음란물에 노출되면 안 되는지 자신 있게 말해 줄 수 있겠죠? 우리 아이들이 '우연히' 음란물에 노출되기 전에 꼭 알려주세요. 알아야 피할 수 있습니다. 아이와 함께 컴퓨터나 스마트폰의 유튜브에 접속하여 자극적인 게임 광고나 배너에 뜨는 웹툰 등을 가리키며 이런 것들이 음란물이고, 이런 것들을 클릭하지 않아야 한다고 알려주세요. 아직 음란물에 노출되지 않은 아이에게 "너도 모르게 음란물에 접속되거나, 친구가 보여줘서 보게 될 수 있어, 그것은 네 잘못이 아니고, 상업적인 목적으로 만든 어른들의 잘못이란다"라고 알려주면서 음란물이 자녀에게 미치는 영향을 알려주기를 바랍니다.

3. 내 아이의 야동 중독(1)

그날따라 무슨 일인지 찬성 씨는 밤에 딸아이가 잘 자고 있는지 궁금해서 아이의 방문을 열었습니다. 그런데 자고 있을 것이라 생각했던 아이가 방에 불을 끄고 침대에 누워 몰래 야동을 보고 있는 것이 아니겠습니까? 너무 당황스럽고 화가 치밀어서 아이에게 다짜고짜 따졌습니다. "너 안 자고 무엇하고 있는 거니? 언제부터 이렇게 본 거야? 솔직하게 말해야 해, 검색기록 보면 다 나와!"라고 물어보니 아이는 처음 야동을 접하게 된 날부터 매일 자기 전에 야동을 보고 잔다고 말했습니다. 처음에는 이렇게 많이 보지 않았는데 보다 보니 매일 보고 싶어졌고, 더 야한 것을 찾아보다 새벽에 잠드는 일도 많았다고 울먹이며 말했습니다.

"정말 매일 봤다는 말이야?" 아이를 잘못 키운 것만 같은 마음이 들어 너무 속상했습니다. 너무 당황스럽고 중학교 1학년밖에 안 된 딸이 야동을 본다는 것이 징그러워 새벽까지 잠도 안 재우고 혼냈습니다. 당장 오늘 오늘 아침 아이의 얼굴을 어떻게 봐야 할지 너무나도 막막합니다.

앞선 내용에서 초등학생의 40%가 야동을 본 경험이 있다고 했습니다. 초등학생 여자아이가 밤에 부모님 몰래 야동을 보는 것은 참 당황스럽고 받아들이기 어려운 일입니다. 순수하다고 생각했던 내 아이가 음란물을 본다는 것 자체에 실망스럽고 화가 치밀어 그 화를 아이에게 쏟아 버릴 수 있겠지요.

그러나 우리는 자녀에게 음란물이 '너에게 어떠한 영향을 미치는지'에 대해 설명해 준 적이 있었을까요?

아이는 우연히 음란물에 접하게 되었고, 그 자극이 너무나도 강렬해서 빠져나올 수 없는 터널을 걷고 있는 것뿐인데 무턱대고 화를 내고 자신을 나쁜 아이로 몰아간다면 부모가 너무 밉고 싫어질 것 같습니다.

우리는 자녀에게 신호등의 빨간불은 위험하니 멈춰야 하고 녹색불로 바뀌었을 때 휴대폰을 보지 말고 양쪽 차도를 잘 보면서 조심히 건너야 한다고 알려줍니다. 또, 칼은 사용할 때 손을 벨 수 있으니 조심스럽게 사용해야 한다고 알려줬고 잘 사용하는지 지켜보고 바른 사용법을 알려주기도 했습니다.

그런데 음란물과 관련해서는 알려준 적이 있을까요?

부끄러우니, 어떻게 말해줘야 할지 모르니 알아서 아이가 피하길 바라고 있었을지도 모르겠습니다. 그래서 위의 사례처럼 자녀에게 무턱대고 화를 쏟아내거나 비난한다면 부모님이라는 존재는 두려움과 수치심을 주는 대상 그 이상도 이하도 아니게 됩니다. 이런 일이 생기면 자녀는 더 이상 부모님에게 자신의 성과 관련된 호기심, 경험 등을 이야기하지 않고 마음의 문을 닫아버릴 것입니다. 그리고 부모님은 앞으로 부모의 도움이 필요할지도 모르는 자녀의 성 문제에서 배제됩니다. 자녀가 성과 관련된 어려움을 겪을 때 부모님께 도움을 요청하지 않고, 자신의 마음을 알아주는 선배, 사귀고 있는 이성 친구, 또래 친구들에게 자신의 성 적인 고민, 문제를 이야기하고 도움을 요청하겠지요. 문제는 도움을 요청받는 집단도 아직 미성숙하고 비슷한 고민이나 문제를 가지고 있을 가능성이 높아 아이에게 올바른 답을 제시하지 못할뿐더러 문제를 더 심각하게 악화시킬 해결책을 제시할 수 있습니다.

무엇보다 부모의 앞뒤 없는 비난과 분노는 아이에게 성적인 수치심을 주게 합니다. 어쩌다가 야동을 보게 되었고 너무 자극적이어서 계속 본 죄(?) 밖에는 없는데 부모님이 자신에게 화를 내고 비난한다면 아이는 자존감에 큰 손상을 입게 됩니다. 더욱이 가장 안타까운 일은 아름답고 찬란한 자신의 성을 부정적으로 생각한다는 것입니다.

음란물을 보는 우리 아이들은 잘못이 없습니다. 우리의 분노의 대상이 되어야 할 사람들은 돈을 벌기 위한 목적으로 음란물을 만들고 아이들이 너무 쉽게 접근할 수 있게 만든 어른들이라는 것을 기억해야 합니다.

우리 아이들은 피해자일 뿐입니다. 음란물은 일부 양심 없는 성인들이 돈을 벌기 위한 목적으로 만들었기 때문에 보는 사람으로 하여금 쉽게 흥분하게 만들게 합니다.

뇌의 즉각적인 자극과 반응을 유도하여 흥분시키고 결국에는 더 자극적인 것을 보게 만듭니다. 아직 뇌가 미성숙한 청소년이 처음 음란물을 접하게 되면 마약과 마찬가지로 뇌에 강한 충격을 받게 되고 자꾸만 떠오르게 됩니다.

미국 유타대학교의 임상심리학 교수 빅터 클라인 박사는 음란물 사용자에 관한 폭넓은 연구를 진행하였으며, 음란물에 대한 반응을 단계로 설명했습니다. 연구 결과 음란물을 많이 보는 사람은 '음란물 중독에 이르게 되고 성범죄자가 될 확률이 높다'라는 연구 결과를 도출했습니다. 그는 음란물에 대한 반응을 노출 정도에 따라 4단계로 분류했습니다.[8]

---

8 이명화, 양윤경, 「신문이 보이고 뉴스가 들리는 사춘기와 성 이야기」, 가나출판사, 2017, 130-131.

[음란물 대한 반응 4단계]

1 단계 : 음란물 보고자 하는 욕구가 나타나는 호기심의 단계

2 단계 : 더 자극적인 음란물 찾는 단계

3 단계 : 음란물에 설정된 잘못된 장면이나 내용을 누구나 그렇게 한다고 생각하는 단계

4 단계 : 실제로 성행위를 경험해 보고자 하는 단계

내 아이가 아주 우연히 스마트폰이나 컴퓨터로 검색하다가 음란물 사이트에 접속하게 되고, 야동이나 성인용 웹툰을 보게 되었다고 생각해 보겠습니다.

처음에는 정말 우연이었습니다.

그러나 두 번째부터는 우연이 아닙니다.

처음 음란물을 봤을 때 느꼈던 도파민 천국의 흥분감과 짜릿함을 다시 한번 느껴보고 싶고 자꾸만 떠오르는 음란물의 장면들 때문에 일상생활이 어려울 정도입니다. 이제 어떻게 해야 볼

수 있는지도 알게 되었고 음란물 사이트 내의 음란물은 어마어마하게 양도 많아 봐도 봐도 새로운 것들이 있어서 시간 가는 줄 모르고 매일 보게 되었습니다.

위 사례는 우리 아이가 음란물에 대한 반응 1단계를 지나고 있음을 보여줍니다.

이때 부모님께서는 아이를 잘 관찰하셔야 합니다. 평소와 다르게 혼자 있는 공간에서 스마트폰을 하는 시간이 늘었다거나, 밤 늦게까지 휴대폰을 보고 있다면 의심해 보시고 "무엇을 보고 있는지 궁금하네, 엄마랑 같이 볼까?"라고 질문하시고 아이가 보고 있는 영상을 확인하셔야 합니다. 아이가 음란물을 보고 있다면 아이의 욕구를 인정해 주고 어른들을 대표해서 사과해 주시길 바랍니다. "너는 몸과 성이 자라는 청소년기를 지나고 있어, 네가 성에 대해 관심을 갖는 것은 지극히 당연한 거야. 엄마도 야동이 많이 궁금했었어. 성은 네 삶에 색깔을 입혀줄 아름다운 존재인데, 성을 음란물을 통해 배우는 것은 잘못된 거야. 이런 음란물을 무분별하게 만든 어른들 그리고 초등학생인 네가 보게 만든 어른들을 대표해서 미안해"라고 말해주세요.

그리고 "지금 네가 보고 있는 음란물은 어른들이 돈을 벌기 위한 목적으로 만들었고, 너에게 너무 좋지 않은 영향을 줄 수 있어, 심하면 성 범죄자가 될 수도 있단다"라고 말하면서 '왜 음란물이 나쁜 거죠?'에 대한 내용을 아이에게 말해줍니다. 아이를 혼내고 비난하기보다 어쩔 수 없이 보게 되었고 자꾸 보고 싶은 호기심이 생겼지만 보지 않을 수 있음을 알려주세요. 그리고 부모님도 아이들이 궁금해하고 보고 싶은 마음을 인정해 주세요. 이런 마음을 건강한 방법으로 해소할 수 있도록 도와주는 것이 부모의 역할입니다.

음란물이 왜 나쁜지 아이 스스로 깨달을 수 있도록 논리적으로 설명해 주시고 자신을 위해 보지 않아야겠다는 생각을 가질 수 있도록 이야기를 유도해 주세요.

문제는, 아이는 그래도 볼 것입니다.

한번 음란물에 노출된 아이는 쉽게 끊기 어렵습니다. 마치 담배나 술과 같습니다. 그러나 무분별하게 보는 것을 '조절'할 수 있게 됩니다.

음란물이 잘못된 것이라는 것을 알고 보는 것과 모르고 보는 것은 하늘과 땅 차이겠지요? 부모님께서는 꾸준히 자녀에게 관심을 갖고 음란물에 대한 유혹을 이겨내도록 도와주셔야 합니다.

4. 내 아이의 야동 중독(2)

앞선 내용에서는 음란물에 대한 반응 4단계 중 먼저 1단계를 살펴봤습니다. 음란물은 반응 단계에 따라 중독을 유발하고 영상 속의 행동을 실제로 해보고 싶은 강력한 욕구를 유발합니다. 이 때문에 음란물에 중독된 경우 각종 성범죄가 유발되며 성범죄의 피의자뿐만 아니라 피해자도 될 수도 있습니다.

음란물에 대한 노출량이 증가할수록 아이는 더 자극적인 음란물을 찾게 됩니다. 어제 봤던 영상물보다 더 자극적인 영상물을 찾으면서, 음란물의 내용이 비정상적으로 보이고 이상해 보여도 이것이 자연스러운 성관계인 것처럼 생각하며, 누구나 자신과 같

을 것이라 생각합니다. 자신이 경험하고 있는 음란물이 나쁜 것

이라는 것을 알고 있지만, 멈출 수 없습니다. 생경한 이 경험이 너

무나도 자극적이기에 뇌는 도파민을 마구 분비하기 시작합니다.

사실 도파민은 중독과 관련이 깊습니다. 도파민과 아이들의 음

란물 중독의 연관성을 책 『도파미네이션』의 저자 에나 렘키는 이

렇게 주장합니다. [9]

"도파민은 쾌감과 즐거움을 주는 뇌의 신경전달물질로 인간 생존에

필수적인 호르몬이다. 하지만 최근 언급되는 도파민은 주로 즉각적인 쾌

감을 가져다주는 인위적인 물질과 행동을 할 때 분비되는 것을 말한다.

어떤 대상에 중독되는 데 가장 큰 위험 요소 중 하나는 그 대상에 대한 용

이한 접근성이다. 중독대상을 구하기 쉬울수록 시도할 가능성도 그만큼

커진다. 스마트폰을 한참 보다가 껐을 때 느껴지는 불안감과 우울감은 또

다시 스마트폰을 탐닉하게 만든다. 또 쾌락에도 내성이 생긴다. 쾌락 자

극에 반복해 노출되다 보면 처음에 느낀 쾌락을 느끼기 위해서는 더 강

9 애나 렘키, 『도파미네이션』, 김두완, 흐름출판, 2022, 30, 69, 70-71.

한 자극을 줘야 한다는 것이다. 쾌락을 느끼지 못하는 뇌는 고통 쪽으로 저울이 항상 기울어져 있는 상태가 된다. 금단 현상을 느끼며 고통스러운 상태가 일상이 되고, 쾌락을 추구해야만 정상 감정을 느끼는 뇌가 된다."

스마트폰을 가지고 있지 않은 아이들을 찾기가 더 어려운 현대 사회의 우리 아이들은 음란물을 볼 수 있는 최고의 도구인 스마트폰으로 그 어떤 성인인증도 없이 전 세계의 음란물과 성인용 웹툰을 볼 수 있습니다. 에나 렘키가 주장하듯이 오늘날 아이들이 살아가는 세계는 음란물에 대한 접근성이 매우 용이해졌습니다. 심지어 우리 아이들이 자주 보는 유튜브 쇼트(짧은 형태의 섹션, 동영상)는 성인인증도 필요 없이 청소년에게 성적으로 자극적인 내용을 전체 공개하고 있습니다.

얼마 전 제가 근무하고 있는 초등학교에서 아이들이 골반에 손을 올린 채 하체를 비틀면서 "좋았어! 영차!"라는 외침 하는 것이 유행처럼 퍼지는 것을 보고 엄격하게 지도했다는 동료 교사의 말을 듣고 많이 놀랐던 적이 있었습니다. '영차' 밈은 2015년 개봉한 영화 〈내부자들〉의 한 장면이며 부패정치인 장필우 역할을 맡은 배우 이경영이 성매매가 이뤄지는 술자리에서 폭탄주를 제조하며 유래된 말입니다. 이 장면을 패러디한 유튜브 채널에서 '영차, 좋았어' 등의 추임새를 넣은 것이 무분별하게 퍼지면서 아이들은 자연스럽게 19금 장면을 장난으로 소비하고 있습니다.

이렇듯 반강제적으로 음란물을 접한 내 아이의 뇌는 빠르게 도파민에 중독되기 시작하고 더 자극적인 동영상을 찾다가 동영상을 시청하는 시간이 늘어나게 되고 결국 중독에 이르며 건강하지 못한 성 가치관을 갖게 됩니다. 건강하지 못한 성 가치관은 자신의 행동이 잘못된 것인지 깨닫지도 못한 채 범죄자들의 표적이 되도록 합니다.[10]

요즘 10대, 20대에게는 카메라 앞에서 자기 신체를 노출하는 것이 놀이가 되었습니다. 아이들은 태어나면서부터 옆에 있었던 휴대폰을 통해 자신의 추억을 영상으로 남기고 SNS 대화방을 통

---

10 "성착취 피해자얼굴로 '짤방' 만들어 돌려보며 관전평", 신동아, 2020년 4월 16일.

해 국경, 나이, 직업을 초월해 함께 어울립니다. 자신의 신상 정보를 밝히지 않고 다수와 소통하기 때문에 일탈을 저지르는 경향이 강합니다. 10대처럼 보이는 학생이 교복을 풀어헤친 채 가슴이나 속옷만 입은 사진을 올리거나, 진하게 화장을 한 후 섹시한 포즈를 취하고 자신이 영상물에 봤던 것 같은 자극적인 영상물을 만들어 SNS에 올립니다. 이런 사진에 '좋아요'를 받으면 받을수록 아이들을 더 자극적이고 노출이 심한 사진을 찍고 올리며, SNS를 달고 사는 우리 아이들은 성범죄자의 표적이 됩니다.

실제로 2019년 우리나라를 뒤집었던 디지털 성범죄 및 성착취사건인 N번방 사건에서 '갓갓'이라는 닉네임은 트위터 일탈계정(자신의 알몸이나 성행위, 자위행위 등을 찍어서 올리는 계정)을 운영하는 여성들을 목표로 삼았습니다. 그는 "음란물 제작 및 유포 혐의로 신고되었으니 아래 링크를 통해 진술하십시오"라는 메시자와 함께 해킹링크를 보내 여성들의 신상정보를 얻어, 그들을 협박하여 수치스러운 동영상이나 성착취동영상을 강제로 찍게 하였습니다. 아이들은 성적으로 자극적인 사진이나 동영상을 올린 것을 부모님에게 들키면 안되기 때문에 부모님이나 어른들에게는 말할 수 없고, 혼자서 고민하다가 결국 성범죄자들의 먹잇감이 되어버렸습니다.

이외에도 아이들은 단순한 호기심에 불특정 다수가 쉽게 접근 가능한 오픈채팅방에 입장하여 처음 만난 사람과 대화를 나누며 어른인 척하는 짜릿함을 느끼기도 합니다. 그래서 익명성을 전제로 하는 오픈채팅방은 특히나 더 위험합니다. 어리고 미성숙한 아이들을 노리는 성범죄자들이 채팅에 참여할 수도 있기 때문입니다. 그들은 아이들에게 친숙하게 접근하여 그루밍을 시도하거나 친밀감이 강해지면 자극적인 성 관련 사진이나 동영상을 전송하고 사진을 받은 아이들의 몸 사진을 보내도록 유도하기도 합니다. 몸 사진을 보내지 않으면 지금까지 쌓아왔던 친밀감으로 알게 된 아이에 관한 다양한 정보를 가지고 아이들을 협박합니다. "네가 오픈채팅방에서 나와 음란한 대화를 하고, 내게 음란한 사진이나 동영상을 받은 것을 너의 부모님이나 친구들에게 다 알릴 거야"라고 협박하며 아이가 직접 자신의 몸 사진 또는 자위하는 동영상 등을 찍어 보내기 전까지 괴롭힙니다.

어른들은 결코 그들의 못된 수법에 넘어가지 않겠지만 아직 어린 우리 아이들은 그들을 너무도 쉽게 믿고 농락당합니다. 범죄자들은 아이의 얼굴이 나오도록 성기나 유방 등의 사진을 찍도록 하거나 자위하는 동영상 등을 촬영하여 보내도록 지속적으로 협박합니다. 그들 스스로 자신들이 피해자의 주인이라고 여기며 아이들을 그들의 장난감처럼 취급합니다.

그들의 요구에 응하지 않으면 인스타 친구, 카카오 친구들에게 아이들의 몸 사진을 보내겠다고 협박하여 아이들을 '노예화'하고, 결국 내 아이는 그들의 '노예'가 됩니다. 노예가 된 아이들은 지속적으로 성범죄자들이 요구하는 몸 사진을 찍고 그들에게 보냅니다. 매우 안타깝지만 실제로 만남을 갖고 성폭행을 당하는 경우도 있습니다. 끊을 수 없는 굴레가 시작되는 것입니다.

5. 내 아이를 옥죄는 딥페이크

　최근 텔레그램 창업자 파벨 두로프가 온라인 성범죄 등 각종 범죄를 공모한 혐의로 프랑스에서 기소된 뉴스를 보셨을 것입니다. 외신에 따르면 프랑스 검찰은 두로프가 성범죄와 마약, 범죄 조직의 불법 거래를 가능하게 하는 온라인 플랫폼의 관리를 공모한 혐의 등으로 예비기소 처분을 받았다고 전했습니다. 두로프의 변호사는 월스트리트 저널에 "소셜 네트워크 수장이 자신과 관련이 없는 범죄 행위에 공모했다고 취급하는 것은 터무니없다"라고 주장하고 있으나 세계 각국의 수사기관은 그들과 다른 생각인 듯 합니다. 손쉽게 대화 내용 및 사진 등이 삭제 가능 하고, 익명성을 보장하는 텔레그램은 전 세계에서 성범죄의 대명사가 되었기 때문입니다.

딥페이크 성범죄는 사람의 사진을 텔레그램으로 보내면 텔레그램방 참여자가 합성프로그램을 이용해서 음란물에 나오는 사람의 얼굴을 해당 사진의 얼굴로 바꿔서 음란물을 만듭니다. 이렇게 만들어진 음란물은 SNS를 통해 유포되고 있는데 텔레그램의 서버와 회사가 외국에 있기 때문에 국내 수사기관의 사각지대라는 점을 이용하여 범죄가 일어나고 있습니다.

이는 점차 진화하여 '지인능욕방'이라는 대화방을 만들고 친구들이나 지인들을 상대로 불법 합성물을 만들고 공유하는 일까지 벌어지고 있습니다.

SBS에서는 온라인에서 불법영상물을 공유하는 대화방을 운영한 사람과 텔레그램으로 인터뷰하였는데 내용을 보면 자신들에게는 죄가 없다고 주장하며 예쁜 몸으로 만들어준 것일 뿐 피해자들도 좋아했을 것이라고 말하며 '수사기관에 잡힐 걱정은 안 한다, 잡아보라'라고 말했습니다.[11] 이를 통해 건강하지 못한 성

---

11 "죄 없다, 잡아 봐라 경찰 비웃는 지인 능욕방", SBS NEWS, 2024년 9월 2일.

가치관을 가지면 범죄자가 되기 쉽다는 것을 다시 한번 깨닫게 되었습니다. 위와 같은 일을 예방하기 위해 우리 아이들에게 디지털 성범죄에 대해 알려주어야 합니다.

그렇다면, 디지털 성범죄란 무엇을 의미하는 것일까요?[12]

☐ 동의 없이 신체일부나 성적인 장면을 불법촬영하는 행위

☐ 불법촬영물을 저장, 전시, 유통, 소비하는 행위

☐ 불법촬영물을 이용한 협박 및 강요행위

☐ 허위 영상물을 제작하거나 유포하는 행위

☐ 불법성착취물을 시청, 소지, 구입, 저장하는 행위

☐ 아동 청소년 대상 성착취물을 제작하거나 그루밍하는 행위

를 말합니다.

이번 딥페이크 사건도 디지털 성범죄의 범주에 해당한다고 볼 수 있습니다. 아이들은 위의 행위들을 장난으로 생각하기 때문

---

12 "사이버 범죄 예방교육", 경기북부경찰청 사이버 수사과 사이버기획계, 2024.

에 성과 관련된 어떤 것이라도 절대 장난으로 생각하거나 행동해서는 안 된다는 것과 장난이었더라도 무거운 처벌받을 수 있음을 꼭 알려줘야 합니다.

특히 친구를 대상으로 딥페이크 영상 및 사진 등을 만들거나, 직접 만들지 않고 제작을 의뢰했을 뿐이더라도 「청소년보호법」상 성착취물로 무기징역 또는 5년 이상의 징역을 받을 수 있음을 알려주세요. 이는 형법상 살인죄와 유사한 법정형으로 딥페이크 영상제작은 인격을 살해하는 중범죄이기 때문입니다.

또한 불법촬영물, 허위영상물(딥페이크), 아동청소년대상 성착취물을 소지, 시청한 자는 1년 이상에 유기징역에 처하게 되는 것을 알려주시면서 친구들이 만든 동영상을 보는 것도 처벌받을 수 있다는 것을 알려주세요.

반드시 성적인 사진이 아니더라도, 타인의 동의 없이 사진이나 목소리를 이용하여 허위의 영상 및 사진을 만드는 것은 명예훼손 등 법적 책임이 따르며 비방할 목적으로 정보통신망을 통하여 공공연하게 거짓의 사실을 드러내어 다른 사람의 명예를 훼손한 자는 7년 이하의 징역, 5천만 원 이하의 벌금에 처하게 된다는 것을 알려주시면서 '악플'도 조심하도록 함께 알려주시기를 바랍니다.

  디지털 성범죄 예방을 위해 반드시 기억해야 할 내용을 안내합니다.[13]

  ☐ 개인정보를 올리거나 공유하지 않기

  ☐ 모르는 사람이 보낸 링크나 파일 클릭하지 않기

  ☐ 타인의 사진, 동영상 등에 성적인 이미지 합성하지 않기

  ☐ 타인의 동의 없이 사진이나 영상을 찍지도, 보내지도, 보지도 않기

  ☐ 타인의 사진, 영상을 퍼뜨리겠다고 위협하지 않기

  ☐ 촬영, 유포, 협박 등으로 두려움을 느낄 때 전문기관에 도움 청하기

  ☐ (청소년) 모르는 사람이 개인정보를 묻거나 만남을 요구하

---

13 위의 내용, "사이버 범죄 예방교육".

면 어른에게 알리기

자녀들에게 꼭 알려주셔서 아이들이 스스로 예방할 수 있는 힘을 길러주시기를 바랍니다.

솔직히 저는 저의 두 명의 아들들이 성범죄자가 되지 않기를 바랍니다. 안타깝게도 우리나라에서는 아직도 성범죄 가해자들이 남성으로 지목되고 있고, 저 또한 제 아들들이 성범죄의 피해자가 될 우려보다는 가해자가 되지는 않을까 염려스럽습니다.

이번 딥페이크 성범죄사건의 가해자들은 대부분 10대 청소년들이며 자신이 속한 학교, 학원 등의 친구들의 사진을 딥페이크 성범죄에 활용했습니다.

아이들은 왜 이런 일을 벌인 것일까요? 장난이었을까요?

딥페이크 성범죄 가해 학생들은 대부분 별생각이 없었을 것입니다. 딥페이크 영상물을 만들고, 유포하고, 친구들과 함께 보는 행위가 잘못되었다는 것도 어느 정도는 알고 있었을 테지만 텔레그램의 익명성 뒤에 숨어 자유롭게 인간의 가치를 떨어뜨리고 사람을 재미의 도구로 삼는 것을 즐겼을 것입니다.

가해학생들은 평범한 가정에서 사랑받고 자랐을 텐데 어떻게 이렇게 되었을까요? 저는 그 원인을 건강한 성 가치관이 형성되지 못했기 때문이라고 생각합니다. 성을 성기 중심으로만 보게 하는 음란물을 통해 성을 배웠기 때문에 인간의 몸을 물건 취급하듯이 여깁니다.

물건은 어떻습니까? 지겨우면 버리고, 돈으로 사고팔고, 함부로 대해도 대체 가능하고, 마음껏 장난쳐도 되는 게 물건입니다. 음란물을 통해 사람의 몸을 물건 다루듯 접하게 되면 생기는 일입니다.

우리는 우리의 자녀들의 건강한 성 가치관 형성을 위해서라도 성을 '성기 중심적인 관점'에서 벗어나 '관계 중심적인 관점'으로 봐야 한다고 알려줘야 합니다. 관계 중심적 성 관점은 모든 상황에서 사람이 주체가 되어 적절한 성행동을 하는 것입니다. 인간은 혼자 살 수 없기에 누군가와는 관계를 맺고 도움을 주고받으며 살아가야 합니다. 나의 행동이 상대방에게 어떤 영향을 미치는지 알고 장난을 치고 싶어도 절제하고, 서로를 위해 예의를 지키고 배려하는 것이 바로 관계 중심적 관점의 성입니다.

친한 친구가 딥페이크 성범죄물을 만들고 유포하는 것을 보면서 "재미있겠는걸, 나도 해 볼까" 하는 생각이 아닌 친구에게 잘못된 것임을 알려주고, 범죄를 저지르지 않도록 이끌어주는 행동이 건강한 성 가치관에서 나오는 관계 중심적인 성 행동입니다.

사랑하는 우리 아이들이 성을 관계 중심적으로 바라보고 건강한 성 가치관을 갖게 된다면 딥페이크와 같은 성범죄를 예방할 수 있을 것입니다. 자녀에게 건강한 성 가치관을 전수하는 부모인 우리가 내 자녀를 바꾸고, 내 자녀가 세상을 바꾸기를 기대합니다.

6. 또 다른 n번 방 예방

2019년 텔레그램, 카톡 등의 메신저 앱을 이용하여 피해자들을 유인한 뒤 협박해 성착취물을 찍게 하고 이를 유포한 디지털 성범죄 및 성착취사건인 n번 방 사건의 주요 피해자들은 중학생 등의 미성년자들이었습니다. 그들의 영상들은 '1번 방'부터 '8번 방' 속칭 (n번 방)까지 8개의 채팅방에 공유되었습니다. 경찰은 n번 방 사건의 주동자인 조주빈을 42년형으로 선고했고, 약 9개월간 3천375명을 검거, 그중 245명을 구속하였습니다. 우리는 n번 방 사건은 주동자인 '조주빈' '갓갓'등이 잡히면서 끝났다고 생각할 수 있습니다. 그러나 지금도 텔레그램에는 또 다른 n번 방을 모방하는 많은 성착취 영상공유방이 운영되고 있으며 2024년 만 해도 서울대 n번 방, 인하대 딥페이크 채팅방 등의 사건이 연이어 발생했습니다.

현재에도 디지털 성범죄자들은 들키지 않기 위해 더 교묘하고 야비하게 활동하고 있습니다.

성범죄자들은 n번 방의 범행 수법을 모방하여 청소년들에게 접근하여 아이들을 유린하고 있을지도 모릅니다. 이러한 또 다른 n번 방 피해자는 바로 내 자녀가 될 수 있습니다.

사실 저는 n번 방 사건을 접하면서 '왜? 아이들은 성 범죄자들의 말도 안 되는 요구를 받아들였을까?' 하는 궁금증이 생겼습니다. 피해 아이들의 정신상태를 연구한 이상훈 대한신경정신의학회 회장은 위와 같은 행동의 원인을 피해자화(victimization)된 것이라고 설명하고 있습니다. 피해자화는 피해자가 가해자로부터 지속적인 언어·신체적 폭력에 노출되면, 정신적 외상이 이뤄지고 공황 상태가 되어, 이성적인 판단을 하기 어려워지고, 자살·자해로 이어질 수 있는 상태를 말합니다. 또한 폭력에 지속적으로 노출되면 마치 본인을 죄인처럼 인식할 수 있습니다. 이렇게 되면 도망가라고 놔둬도 도망가지 못하는 상태가 될 수 있습니다. 또한 피해자는 가해자로부터 연락이 올까 봐 전전긍긍하는 상태로 24시간 불안한 상태에 놓이게 됩니다.[14]

만약 내 아이가 n 번 방의 피해자와 같은 위험한 상황에 처했다면 가장 먼저 누구에게 도움을 청해야 할까요?

처음 음란물을 보는 것을 들키던 날 자신에게 화내고 비난하던 부모님일까요?

부모님에게 자신의 속 이야기, 고민 등을 털어놓을 수 있을 정도의 친밀한 관계를 갖지 못했다면 어떻게든 부모님은 몰라야 할 것입니다. 결국 아이는 성범죄자의 농락과 폭력에 힘든 시간을 혼자서 견뎌내야 합니다.

아이는 몸과 마음이 피폐해지며 더 이상 학업에 집중할 수 없고, 우울감이나 불안감에 휩싸이게 됩니다. 그래서 부모님은 이

---

14 "텔레그램n번방 피해자들 '왜' 당하게 됐나?", 의협신문, 2020년 3월 25일.

러한 불행한 일을 예방하기 위해 세심하게 아이들을 살펴야 합니다.

제가 추천하는 방법은 아이들과 매일 30분 이상 질 높은 대화를 나누는 것과 아이들의 핸드폰을 가족 공유화하고 청소년 유해물 차단앱을 설치하는 것입니다.

이런 일이 가능하려면 먼저 아이들과 이야기를 나눠야 할 것입니다. 전문가들이 추천하는 방법 중 하나는 아이들과 함께 '산책하기'입니다. 집 앞 공원을 산책하면서 소소한 아이들의 일상을 들어주는 것입니다. 아이들이 하는 시시콜콜한 이야기들을 들어주세요. 저 같은 경우에는 아이와 함께 산책하면서 무선이어폰 한 쌍을 하나씩 나누어 착용하고 아이가 좋아하는 노래 한 곡, 제가 좋아하는 노래 한 곡을 번갈아 가며 듣습니다. 한쪽 귀에는 이어폰이 없으므로 아이와 별 대수롭지 않은 이야기를 나눕니다.

학교 이야기, 학원 이야기, 친구 이야기 등 이러한 일상의 소소한 이야기를 나누다 보면 아이가 고민하고 있는 이야기들이 자연스럽게 나오는 것을 경험합니다.

이때 부모님께서는 아이에게 자신의 신변에 위험한 일이 생겼을 경우 가장 먼저 도움을 요청해야 하는 사람이 부모임을 알려줘야 합니다.

"안타깝지만 범죄자들은 너와 같은 청소년들을 범죄의 대상으로 생각하고 있단다. 그런 일은 충분히 예방할 수 있어. 예를 들면 게임이나 SNS 상에서 만난 사람들이 보낸 링크에 접속하거나 보낸 파일을 휴대폰에 설치하지 않는 것이 중요하단다. 만약에 몸 사진 등을 찍어 보내라는 협박을 받게 되었을 때는 반드시 엄마아빠에게 말해야 해. 그런 일이 일어난다고 하더라도 절대로 혼내지 않을 거야. 우리는 책임지고 너를 도와줄 거란다."라고 말하면서 아이들에게 확신과 믿음을 심어줘야 합니다. 가랑비에 옷 젖듯이 지속적으로 알려주세요.

너무 늦게 퇴근하시거나 산책할 시간이 없으시다면 두 번째 추천하는 방법이 있습니다.

아이들과 티타임을 갖는 것입니다. 차를 함께 마시면서 위에서 설명했던 것처럼 아이의 이야기를 들어주는 것입니다. 매일이 어렵다면 적어도 주 3회 이상 30분 이상 대화하는 시간을 갖도록 노력합니다. 사랑하는 아이들을 위해 매일 휴대폰 하는 시간 30분을 양보하실 수 있으실까요? 아이들의 눈을 바라보면서 대화를 나누고 세심하게 아이들의 변화를 관찰하시기를 바랍니다.

또 다른 예방법은 아이들의 스마트폰을 '가족 공유화'하는 것입니다. 청소년 시기의 아이들에게 스마트폰 프라이버시는 없습니다. 부모님께서는 이것을 아이들에게 꼭 인식시켜 주셔야 할 필요가 있습니다. 부모님께서도 아이들도 아주 당황스럽게 느껴지겠지만, 아이들이 어떤 앱을 설치하는지, 카톡에서 또는 다른 SNS에서 어떤 대화를 하고 누구와 대화하는지 꼼꼼하게 확인하세요.

아이들이 어떤 앱을 설치했는지 확인하는 가장 좋은 방법은 구글 패밀리 링크나 각 통신사에서 제공하는 자녀 안심 앱을 활용하는 것입니다. 아이가 새로운 앱을 설치하게 되면 부모에게 알림이 전송되므로 아이에게 위험한 앱을 설치하는 것을 부모가 확인 가능합니다. 실제로 여가부 자료에 따르면 청소년 유해사이트 차단 프로그램 또는 앱이 미설치된 경우는 설치되었거나 잘 모르는 경우보다 성인용 영상물(55.2%), 성인용 간행물(27.6%), 데이트, 소개팅용 채팅앱(2.9%)등 신·변종 유해매체 이용률이 높다는 연구 결과가 있습니다.[15] 물론 매일 확인하는 것은 사실상 불가능합니다. 불시에 적어도 일주일에 한 번은 확인하시길 바랍니다.

왜 엄빠가 내 핸드폰을 보냐고 반항하는 아이에게는 "너를 사회의 악으로부터 지키기 위해서, 부모인 우리는 너를 성인이 될 때까지 몸과 마음이 건강하게 자라도록 도와줘야 할 책임이 있는 사람들이기 때문에 그렇단다"라고 알려주세요. 이를 위해 처음 아이에게 스마트폰을 사주고 난 뒤부터 지속적으로 아이들의 스마트폰을 확인하는 것이 중요하고 이를 아이들이 자연스럽게 받아들이도록 하는 것이 필요합니다. 이미 스마트폰을 가지고 있

15 "2022년 청소년 매체이용 및 유해환경 실태조사", 여가부, 2022년 12월, 118.

고, 부모의 확인이 익숙하지 않은 청소년기 자녀의 격렬한 저항이 이어진다면 위 사례를 이야기해 주시고 도움이 필요한 일이 생기면 꼭 부모님께 말해달라고 이야기해 주세요.

저의 집은 남편이 아이들 스마트폰 담당이어서 불시에 아이들의 SNS상의 대화 내용, 접속기록 등을 살펴봅니다. 아이들의 스마트폰을 확인할 때 큰아들은 순응적인 기질을 가진 아이이기 때문에 순순히 스마트폰을 확인하는 것을 받아들였지만 작은 아들은 격렬한 저항 후 아빠의 끈질긴 회유 끝에 결국 포기하고 스마트폰 확인을 받아들였습니다. 그리고 이제는 아빠의 불시의 스마트폰 확인을 자연스럽게 받아들입니다. 아이들의 핸드폰을 확인하면 시간도 오래 걸리고 피곤하지요. 그렇지만 반드시 해야 합니다.

아이들이 중고등학생정도로 자랐다면 랜덤채팅 등으로 타인과 대화하는 내용을 부모님께서 볼까봐 삭제하거나 대화방을 나와 버리는 등의 일을 할 가능성이 있습니다.

이러한 일들은 자녀가 온라인상에서 채팅으로 성희롱을 당했거나, 실제로 만남을 약속하고 성폭행을 당하게 되었을 때 채팅을 통한 범죄 증거수집을 하기 어렵게 합니다.

이를 예방하기 위해 처음 자녀에게 휴대폰을 구매해주셨을 때 이야기 해주셔야합니다.

SNS를 통해 타인과 대화하는 내용을 부모가 보는 것이 두려운 마음이 들게 하는 대화를 나누지 않도록 해야 하고, 만약 타인과 대화 중 성적인 대화를 나누게 되었거나 성적으로 수치심을 느끼게 하는 말을 듣게 되었다면 그 내용은 절대 삭제하지 말고 부모님께 바로 알려 달라고, 절대로 혼내지 않을 것 이라고 알려주셔야 합니다.

아직 미성숙한 자녀들에게 현존하는 최고의 디지털 무기인 스마트폰을 쥐어줄 때는 부모님들께서도 아이들의 디지털상의 공간에서의 활동 등에 책임감을 갖고 디지털 성범죄로부터 아이들을 지켜야 할 필요가 있기 때문입니다.

또한 각 통신사에서 제공하는 청소년 유해물 차단 앱을 설치하여 아이들이 유해물에 노출되는 것을 막아주는 게 중요합니다. 자녀가 어떤 앱을 설치하든 부모에게 알람이 전송되고 부모가 허락해야만 그 앱을 설치할 수 있도록 해야 합니다.

위의 방법들이 정답은 아니겠지요. 그러나 위의 방법을 통해 내 자녀가 디지털 성범죄자의 표적이 되거나 디지털 성범죄의 가해자가 되는 확률을 줄일 수 있지 않을까 생각합니다.

7. 음란물이 낳은 도박중독

　최근 청소년들이 도박에 중독되어 일상의 회복이 어려울 정도로 무너진 경우를 볼 수 있었습니다. 도박에 중독된 아이들은 무료 웹툰 사이트를 통해 도박 광고에 노출되면서 처음에는 적은 돈으로 시작하지만 배팅 금액은 점점 늘어나 게임 한 판에 300만 원을 쓰기도 했습니다. 또 도박으로 인해 잃은 돈이 8개월 동안 3억 원이 넘는 청소년도 있었습니다.

　도박에 중독된 아이들은 하루 종일 밥 먹는 것도 잠자는 것도 잊고 도박만 합니다. 인터넷만 터지면 스마트폰으로, 컴퓨터로 도박을 시도합니다. 아이들이 도박으로 잃은 돈은 수천만 원에서 수억 원까지 다양하며 빠져나오고 싶지만 매우 어렵습니다. '도박 없는 학교'를 운영하는 조호연 교장에 따르면 도박중독에 빠진 청소년 중 불법 영상 공유 사이트에서 도박을 시작하는 경우가 90% 정도 된다고 말합니다.[1] 우리 아이들을 노리고 있는 도박, 마약 등 유해 정보는 아이들과 늘 함께 있습니다.

최근(2024년) 강원특별자치도 청소년활동진흥센터가 실시한 청소년 활동 실태조사 결과 청소년의 10명 중 3명이 성적 유해 콘텐츠나 폭력 및 도박 정보를 사회관계망서비스(SNS)를 통해 접해본 경험이 있으며 아이들이 접한 유해 정보는 성적 유해 콘텐츠 13.8%, 도박 정보 9.4%, 마약 정보 42.6%로 응답했습니다.[2]

그리고 유해 정보 획득을 인스타그램이나 페이스북 등 SNS를 통해 얻는다는 응답이 41.4%, 유튜브나 틱톡 등 동영상 플랫폼 28.7%, 인터넷 포털 사이트 18.2%로 뒤이었습니다. 스마트폰을 신체의 일부분처럼 생각하는 아이들에게 유해 정보가 노출되는 것은 당연합니다.

---

[1] "청소년 도박 유혹하는 '공짜 영화'사이트", 주간조선, 2024년 3월 3일.

[2] "강원 청소년 10명 중 3명 SNS서 도박 마약 등 유해정보 접해봤다", 강원도민일보, 2024년 10월 31일.

음란물과 도박중독은 밀접한 관련이 있습니다.

아이들이 음란물을 보기 위해 접속하는 무료 영상물 사이트(음란물뿐만 아닌 웹툰, 드라마 등)에는 도박광고 버너가 가득 전시되어 있고, 호기심에 버너를 클릭하는 순간 음란물은 도박중독으로 이어집니다.

실제로 최근 5년간 청소년의 도박비 마련의 범죄율은 성인 대비 5배 높다는 결과가 있습니다. 청소년이 도박중독으로 인해 병원 진료하는 현황은 2017년부터 5년간 3배가 증가했습니다. 재학 중 청소년 도박 경험률은 38.8%, 처음 도박을 경험한 평균 나이는 11.3세입니다.[3]

청소년 도박은 더 이상 모르는 척할 수 없는 심각한 사회문제입니다.

---

3   "3억원을 날렸어요, 바카라 도박에 빠진 아이들", KBS 추적60분. https://www.youtube.com/watch?v=up0yJhz_zVo (2025년 1월12일 검색).

– 무료 야동사이트 내 도박광고 –

음란물과 불법 도박의 기가 막힌 콜라보는 어느새 우리 아이들을 잠식해 갑니다. 이미 음란물에 중독된 뇌는 더욱 자극적인 도박에 더 빠르게 중독됩니다.

무료 음란물 사이트의 배후에는 불법 도박 사이트를 운영하는 범죄 조직이 있습니다. 그들의 돈벌이 대상은 성인이 아닙니다.

성인보다 빠르게 도박에 중독되고 촉법 연령으로 법의 처벌을 피할 수 있는 청소년입니다. 그들은 자신들의 범죄를 위해 청소년들이 다양한 방법으로 도박에 빠져들도록 설계합니다.

청소년은 그들에게 수익 창출의 대상이며 범죄 사용하기 좋은 도구일 뿐입니다. 아이들은 무료 음란물 사이트를 통해 빠르게 도박에 중독되고 당연히 돈을 잃고 잃어버린 돈을 찾기 위해 고군분투합니다.

실제로 관련 뉴스에 따르면 A군은 불법 도박으로 잃은 돈을 사채를 통해 충당했고 늘어나는 사채빚을 감당하지 못하고 동성 간 성매매를 시도하다 심각한 성병에 걸리게 되었습니다. 또한 중학생인 B양은 같은 학교 일진 무리들의 불법 도박 자금을 마련하기 위한 성매매에 이용되었습니다. B양은 일진 무리들에게 감금당한 후 나체로 사진을 찍혔습니다. 이 사진은 B양을 성인들의 성매매로 이용하기 위한 협박의 수단이 되었으며 B양을 통한 성매매로 벌어들인 수입은 일진 무리의 불법 도박 자금과 유흥비로 쓰였습니다.[4]

---

4 "청소년 도박①", 천지일보, 2023년 6월 1일.

불법 도박으로 돈을 잃은 몇몇 아이들은 "돈은 떨어졌지만 다시 도박을 하고 싶은데 돈을 쉽게 버는 방법이 뭘까?"를 생각합니다. 그때 범죄 조직은 아이들에게 접근하여 짧은 시간에 큰돈을 벌 수 있는 유혹을 합니다. 마약 던지기, 드랍퍼(마약운반책), 보이스피싱 운반책, 성착취물 사이트 설계 및 모집 등의 각종 범죄에 청소년들을 활용합니다. 아이들은 범죄 조직의 안내에 따라 성 착취물을 만들고 또 다른 n방에 판매를 하거나 또 다른 범죄에 가담하면서 자신의 범죄에 무감각해집니다. 아이들은 자신들이 촉법소년이기에 형사처분에서 제외되고, 보호처분을 받기까지 수개월이 걸린다는 것을 알고 있기 때문입니다.

서민수 경찰 인재개발원 교수는 "(청소년은) 협박하기 좋다. 범죄에 가담시키는 순간 신고할 수 없는 판단 구조를 가지고 있기 때문이며 범죄조직은 촉법소년과 범죄소년에게 어른처럼 처벌을 크게 받지 않는다며 범죄에 가담하도록 회유한다"라고 합니다.[5]

---

5 "청소년 도박②③", 천지일보, 2023년 6월 5일.

음란물은 도박중독을 낳고 도박중독은 음란물 제작자를 낳는 기이한 현상이 지금 우리나라에서 발생하고 있습니다. 씁쓸하고 믿기지 않는 이야기이지만 지금도 어디선가 일어나고 있을 법한 일이며, 바로 내 아이가 가해자 또는 피해자가 될 수 있다는 말이기도 합니다.

이를 예방하기 위해서는 부모의 지속적인 관심과 아래와 같은 적극적인 행동이 필요합니다.

첫째, 아이들에게 음란물로 인해 불법 도박사이트로 접근이 가능하고 도박에 중독되면 범죄조직에 연루될 가능성이 높다는 것을 알려주셔야 합니다. 관련된 다큐멘터리를 함께 보는 것도 추천합니다. 우리 아이들이 음란물과 도박중독이 자신의 삶을 파괴할 수 있음을 알아야 피할 수 있습니다. 함께 관련 자료를 보고 아이들과 이야기 나누기를 추천합니다.

둘째, 아이들의 스마트폰을 가족 공유화하고 아이들이 스마트폰으로 무엇을 보는지, 어떤 행동을 하고 있는지 수시로 확인해야 합니다. 소 잃고 외양간 고치기에는 우리 아이들의 피해가 너무 큽니다. 아이들이 위험에 노출되기 전 예방하는 것이 이미 문제가 발생하고 난 후 해결하는 것보다 훨씬 쉽습니다.

셋째, 아이들의 계좌 내역을 수시로 확인해야 합니다. 아이의 통장 내역을 확인하면서 1만 원, 2만 원 등 소액으로 계좌이체가 되거나 입금이 되고 있는 경우 돈의 사용처나 입금된 이유를 물으시고 도박으로 인한 것인지 반드시 확인하시길 바랍니다.

8. 음란물 디톡스 = 스마트폰 디톡스

찬성 씨는 틈만 나면 스마트폰을 보고 있는 아이가 걱정스럽습니다. 혹시 중독은 아닌지, 중독이라면 어떻게 아이를 도울 수 있을지 머리가 지끈거립니다. 더 심각한 것은 찬성 씨도 마찬가지라는 것입니다. 퇴근 후 간단한 집안일을 마치면 바로 스마트폰으로 빠져듭니다. 마치 하루 종일 업무에 집중하느라 휴대폰을 보지 못했던 것을 보상받기라도 하듯 정신없이 스마트폰을 하다 보면 어느새 시간이 훌쩍 지나가 있음을 느끼고 오늘 꼭 하고자 다짐했던 운동도, 독서도 아무것도 못 했다는 자괴감에 빠집니다. 더 두려운 것은 내 아이도 나와 같은 상황인 것 같아 부모로서 본보기가 되어 주지 못해 미안하고 염려스럽습니다. 이놈의 스마트폰에 주인이 내가 아니고 스마트폰이 나의 주인인 것 같습니다. 답답한 마음에 아이에게 물어봤습니다.

"스마트폰으로 할 것이 많니?"

"아니요."

"그런데 왜 계속 스마트폰을 보고 있어?"

"그냥요, 심심하니깐요"

세상에 우리 아이가 스마트폰을 보고 있던 이유가 여가 시간을 어떻게 보낼지 몰라서라니.

음란물은 스마트폰 중독과 긴밀하게 연결되어 있습니다. '스몸비'는 '스마트폰 좀비'라는 말의 줄임말입니다. 2022년 스마트폰 과의존 실태조사에 따르면 전국 1만 가구를 조사한 결과 스마트폰 과의존 위험군이 20~50세의 성인 10명 중 2.3명 꼴로 과의존 위험군에 속하지만, 만 10~19세의 청소년은 약 4명으로 상대적인 비율이 더 높다는 조사 결과를 발표했습니다.[6] 스마트폰 과의존으로 인한 숏폼 콘텐츠의 부작용은 긴 글에 집중하기 어렵거

---

6 "2022년 스마트폰 과의존 실태조사", 과학기술정보통신부·한국지능정보사회진흥원, 2022년 7월 21일, 22.

나 기억력 저하, 집중력 저하 등을 겪게 합니다. 이러한 증상을 팝 콘 브레인이라고 하며 뇌가 빠르고 강한 정보에 익숙해지면서 현 실의 느리고 약한 자극에는 반응을 하지 않는 것을 의미합니다.

이러한 증상은 앞에서 다루었던 도파민과 관련이 깊습니다. 인 간의 뇌는 짧고 강력한 영상물을 통해 짧은 시간 내에 더 많은 도파민을 분비하도록 더 강력한 자극을 원합니다. 그래서 숏폼 과 같은 영상에 뇌가 지속적으로 노출되면 더 자극적이고 강력 한 영상을 찾게 됩니다. 관련 연구에 따르면 매일 한 시간 이상 디 지털 미디어에 노출 될수록 ADHD 발병 위험이 10% 증가할 정 도로 정신건강에 악영향을 미치며 자극적인 콘텐츠 노출의 시간 이 길어질수록 우울증, 불안, ADHD 등 정신건강 측면에 악화될 위험이 존재합니다.[7]

유튜브는 지난 2021년에 숏폼 서비스 '쇼츠'를 선보였습니다. 유튜브 쇼츠는 서비스 시작 이듬해에 평균 조회수 500억 회를 넘겼으며, 쇼츠의 일평균 조회수는 전년 동기 대비 90%, 이상 늘

7 "숏폼 중독, 무엇이 문제일까요?", 정신의학신문. 2024년 7월 31일.

어났습니다. 인스타그램도 2023년 인스타그램 사용자들이 주로 이용하는 기능으로 릴스가 2위로 올랐다고 했습니다. 아이들을 향한 숏폼의 공격은 더욱더 치밀하고 강력할 것으로 예상됩니다.

숏폼 중독과 음란물 중독은 뇌에서 중독을 유발하는 기전이 같습니다. 스마트폰 중독의 위험성을 알고 있는 나라 가운데 프랑스 정부는 3세 미만 영상 시청금지, 13세까지 스마트폰 소지 중지 방안을 검토하고 있습니다. 특히 SNS사용은 15세부터 허용하되 틱톡이나 인스타그램, 스냅챗 등은 만 18세가 되어야만 접속할 수 있게 해야 한다고 주장하고 있습니다. 또한 영국은 2023년 소셜 플랫폼이 유해 콘텐츠로부터 어린이를 보호하도록 하는 '온라인 안전법'을 발의했고, 중국의 경우 2023년 8월부터 18세 미만 청소년의 인터넷 중독을 막기 위해 미성년자 하루 2시간 스마트폰 제한을 시행하고 있습니다.[8]

그리고 노르웨이의 스퇴르 총리는 알고리즘의 힘으로부터 어린이를 보호하기 위해 정치인들이 개입해야 한다면서 SNS 이용

---

8 "스마트폰 13살부터 SNS 18살부터 프랑스 초강수 검토", 아시아경제, 2024년 5월 3일.

제한 연령 상향 방침을 공개했습니다. 스퇴르 총리는 개인정보 보호법을 개정해 개인정보 이용 동의 가능 연령을 기존 13세에서 15세 이상으로 조정하는 등 어린이가 연령제한을 우회하지 못하도록 안전장치를 도입할 것이라고 했습니다.

호주 또한 마찬가지입니다. 호주 앨버니지 총리는 SNS를 사용할 수 있는 최소 연령은 정해지지 않았으나 14~16세가 될 것이라며 "아이들이 전자기기를 내려놓고 운동장으로 나가는 모습을 보고 싶다. 아이들이 현실에서 사람들과 진짜 경험을 하기를 원한다"고 했습니다.[9]

아이들 손에 스마트폰을 쥐어준 순간 내 아이의 스마트폰 과의존은 숙명처럼 여겨집니다. 아이들이 쉽게 접하는 SNS 속 자극적이고 강렬한 콘텐츠 덕분에 우리 아이들은 웬만한 영상은 성에 차지도 않습니다. 그러다 우연히 음란물을 보면 미친 듯이 빠져들게 됩니다.

---

9 "15세 미만 SNS 사용 금지 추진하는 이 나라", 아시아경제, 2024년 10월 24일.

제 큰아이가 6학년 때 직업 체험관으로 체험학습을 갔을 때 일입니다. 반에서 소심하고 조용한 성격의 남자아이가 체험관에서 자기 차례가 와도 체험은 하지 않고 한쪽 구석에 앉아서 스마트폰만 보고 있었다고 합니다. 같은 조의 여자친구가 "야, 너 차례야. 뭐 해?"라고 물으며 친구가 보던 휴대폰 화면을 본 순간 "꺅! 선생님 얘 야동 보고 있어요"라고 큰소리로 외쳤고, 반 아이 모두 그 학생이 음란물을 보고 있었다는 것을 알게 되었습니다.

음란물 중독의 단편적인 예이지만 음란물에 한번 빠져들면 일상에서의 즐거움을 느낄 수 없습니다. 자신이 해야 하는 일도, 하고 싶은 일도 모두 잊어버리고, 오직 스마트폰에만 집중합니다.

그런데 내 자녀뿐만 아닌 저도 마찬가지입니다.

저 또한 스마트폰 의존입니다. 퇴근하고 간단한 집안일 후 낮 동안 하지 못했던 스마트폰에 무섭게 몰입하다 보면 어느새 잘 시간이 되어버립니다. 어른도 스마트폰 없는 하루를 상상하기 어려운데 우리의 자녀는 어떨까요?

우리나라는 아직 스마트폰에 대한 법적 규제나 예방교육이 충분히 활성화되지 못하고 있기 때문에 스마트폰에 중독된 아이들은 스마트폰으로 인한 음란물 중독, 도박, 학교폭력의 위험에 노출되어 있습니다.

이러한 상황에서 우리는 어떻게 우리의 자녀를 스마트폰으로부터 자유롭게 할 수 있을까요? 맞벌이를 하고 있는데 아이들의 일거수일투족을 감시하며 스마트폰 사용을 제한할 수 있을까요? 꼭 맞벌이가 아니어도 힘든 이야기입니다.

중요한 점은 무엇보다 아이들 스스로 자신이 스마트폰에 과의존하고 있음을 깨닫는 것입니다. 이를 위해 첨부되어있는 스마트폰 과의존 척도 검사를 가족이 다함께 해보고, 현재 자신이 어떠한 상태인지 알도록 합니다.

또한 스마트폰 과의존이 지속될 경우 앞으로 자신들의 삶에 어떠한 영향을 미칠지 알려주고, 스스로 조절할 수 있도록 격려해야 할 것입니다. 그래야만 부모의 눈을 피해 몰래 스마트폰을 하지 않게 되겠지요.

그리고 아이들을 스마트폰 과의존에서 해방시키기 위해서는 가정 내 환경이 가장 중요합니다. 아이가 힘들게 스마트폰 사용을 참고 있는데 부모님께서 스마트폰을 사용하거나 아이에게 관심을 가져 주지 않는다면 아이는 철이 자석에 끌리듯 스마트폰 속의 세상으로 돌아가게 될 것입니다.

그래서 저는 스마트폰 디톡스 방법을 취미의 회복이라고 생각합니다. 어떤 취미를 찾아야 할까요? 먼저, 취미에 대한 사전적 의미를 찾아봤습니다. 취미는 '전문적으로 하는 것이 아니라 즐기기 위하여 하는 일, 아름다운 대상을 감상하고 이해하는 힘, 감흥을 느끼어 마음이 당기는 멋'이라고 했습니다.[10] 스마트폰 때문에 얻게 된 것이 정말 많지만 잃은 것 중에서 가장 큰 것이 취미이지 않을까 싶습니다. 그래서 여가시간을 어떻게 보내야 할지 모른다는 말들이 나오는 것 같습니다.

---

10 "취미", https://dict.naver.com/dict.search?query=%EC%B7%A8%EB%AF%B8&from=tsearch (2024년12월2일 검색).

〈청소년·성인·고령층 스마트폰 과의존 척도〉 [11]

요인	항목	전혀 그렇지 않다	그렇지 않다	그렇다	매우 그렇다
조절실패	1)스마트폰 이용 시간을 줄이려 할 때마다 실패한다.	①	②	③	④
	2)스마트폰 이용시간을 조절하는 것이 어렵다.	①	②	③	④
	3)적절한 스마트폰 이용시간을 지키는 것이 어렵다.	①	②	③	④
현저성	4)스마트폰이 옆에 있으면 다른 일에 집중하기 어렵다.	①	②	③	④
	5)스마트폰 생각이 머리에서 떠나지 않는다.	①	②	③	④
	6)스마트폰을 이용하고 싶은 충동을 강하게 느낀다.	①	②	③	④
문제적 결과	7)스마트폰 이용 때문에 건강에 문제가 생긴 적이 있다.	①	②	③	④
	8)스마트폰 이용 때문에 가족과 심하게 다툰 적이 있다.	①	②	③	④
	9)스마트폰 이용 때문에 친구 혹은 동료, 사회적 관계에서 심한 갈등을 경험한 적이 있다.	①	②	③	④
	10) 스마트폰 때문에 업무(학업 혹은 직업 등) 수행에 어려움이 있다.	①	②	③	④

---

11 "2023 스마트폰 과의존 실태조사", 한국지능정보사회진흥원. 2024, 8.

□ 청소년·성인·고령층용(자기보고용)은 총 10문항으로 구성되며, 4점 만점 척도를 사용

□ 대상별 척도 문항은 동일하나 과의존위험군 유형을 구분하는 기준점수는 상이함

    - 청소년 : 고위험군 31점 이상, 잠재적위험군 30점~23점

    - 성인 : 고위험군 29점 이상, 잠재적위험군 28점~24점

    - 60대 : 고위험군 28점 이상, 잠재적 위험군 27점~24점

□ 과의존위험군 유형에 대한 해석은 아래와 같음

    - 고위험군 : 스마트폰 사용에 대한 통제력을 상실한 상태로 대인관계 갈등이나 일상의 역할 문제, 건강문제 등이 심각하게 발생한 상태

    - 잠재적위험군 : 스마트폰 사용에 대한 조절력이 악화된 상태로 대인관계 갈등이나 일상의 역할에 문제가 발생하기 시작한 단계

    - 일반군 : 스마트폰을 조절된 형태로 사용하는 형태

9. 스마트폰 디톡스 = 취미의 회복

그렇다면 스마트폰 디톡스 방법에 대해 생각해 볼까요?

1) 가장 먼저 가정 내 환경 만들기(스마트폰 없는 시간)가 우선
되어야 합니다.

가족이 모두 스마트폰을 사용하지 않는 시간을 정하도록 합니
다. 부모님께서는 급한 업무용 통화 등으로만 스마트폰을 사용하
기로 하고 약속된 시간에는 절대 스마트폰을 사용하지 않는 것
입니다. 매일 1시간씩도 좋고, 일주일에 3번 2시간씩 또는 주말 6
시간 이상 등 가족 모두 지킬 수 있는 시간을 정해야 합니다. 또한

가정 내 환경을 만들 때 주의할 점은 스마트폰을 사용하지 않는 것에 더해 다른 디지털 기기들 컴퓨터, TV, 태블릿 PC 등 전자기기를 사용하지 않는 일입니다. 오직 자녀와 남편과 아내 그 관계에만 집중하는 시간입니다.

2) 스마트폰 없는 시간에는 무엇을 할까요?

스마트폰을 사용하지 않는 시간 동안에는 가족이 무엇을 할지를 생각하고 대화합니다. 그런데 이 대화는 반드시 자녀가 이끌도록 합니다. 아빠랑 엄마랑 스마트폰 없이 TV도 없이 아무것도 없이 무엇을 하는 것이 좋을지 자녀가 생각하고 선택하도록 합니다.

부모는 자녀가 어떤 것을 하고 싶은지 예를 들어주는 정도로만 관여하도록 합니다.

어떤 활동을 자녀와 함께할 수 있을지 예를 들어볼까요?

□ 함께 운동하기 : 가족이 다 함께 할 수 있는 운동을 합니다.

배드민턴, 수영, 축구를 하거나 가족이 함께 자전거를 타는 것

도 추천합니다.

저희 가족의 경우 일주일에 2회 이상 작은 아이(5학년)와 함

께 밤에 40분 정도(3~4km) 러닝을 하고 큰 아이와는 산책을 합

니다. 뭔가 특별한 일을 함께하기보다는 일상에서 스마트폰이 없

어도 다른 일들로 그 시간을 채울 수 있다는 것을 알려주어야 합

니다.

□ 함께 산책하기 : 자녀와 함께 집 근처를 산책하며 이런저런

이야기를 나눕니다.

□ 함께 미술 활동하기 : 학교에서 아이들을 가르치다 보면 많

은 아이들이 그림을 그리거나 만들기 하는 것을 좋아하는 것을

알게 됩니다. 수업할 때 집중하기 어려워하는 학생들도 그림 그

리기 활동이나 만들기를 하면 자신이 표현하고자 하는 것을 그리

거나 만들면서 집중하는 모습을 보여줍니다. 그리고 자신이 완성

한 그림이나 작품을 보면서 몹시 뿌듯해하며 자기효능감이 높아

지는 것을 경험합니다. 인터넷에 찾아보면 명화 그리기 세트, 유화 그리기 세트 등 다양한 그리기 콘텐츠 및 만들기 세트 등이 있습니다. 아이와 함께 어떤 작품을 함께 할지 선택하고 함께 만들면서 완성해 본다면 아이와 부모님 모두 몹시 뿌듯할 것입니다.

□ 함께 요리하기 : 자녀가 좋아하는 음식을 함께 요리하면서 자녀의 숨겨진 요리 실력을 알아보고 맛있는 음식도 함께 먹는다면 아이는 더없이 행복할 것입니다. 또한 요리는 아이들의 창의력 발달에 큰 도움을 줍니다. 아이들이 자신의 창의력을 안전하게 발산할 수 있도록 함께해 주세요.

□ 함께 책 읽기 : 부모님께서 어렸을 때 읽었던 책들을 자녀와 함께 읽거나, 자녀와 부모님 모두 함께 각자 읽고 싶은 책을 읽습니다. 책을 읽은 후 간단하게 책의 내용과 느낀 점을 이야기하는 것도 좋습니다.

기타

□ 식물 키우기

☐ 함께 카페 가서 수다 떨기

☐ 함께 보드게임 하기

☐ 음악 듣기

☐ 함께 글 쓰기 : 어떤 글이든 좋습니다. 시를 써도 좋고, 수필처럼 자유롭게 써도 좋습니다. 어떤 식으로든 아이의 감정과 생각을 드러낼 수 있도록 지지해 주시고, 자유롭게 글을 쓸 수 있도록 합니다.

생각보다 자녀와 함께 할 수 있는 일들이 많습니다. 이 글을 읽고 계시는 분들도 이미 자녀와 이런 시간을 주기적으로 갖고 있을 것입니다. 이런 경우 자녀와 스마트폰 의존과 관련해서 이야기를 하고 스스로 조절하도록 도와준다면 자녀는 스마트폰 의존에서 쉽게 탈출할 수 있을 것입니다. 중요한 점은 스마트폰 등의 디지털 기기가 아닌 다른 활동들로 스마트폰을 하면서 느꼈던 즐거움을 찾고 더 나아가서 스마트폰 없이 자신의 여가를 즐길 수 있는 아이가 되도록 이끄는 것입니다.

3) 혼자만의 스마트폰 없는 시간

자녀와 함께 하는 시간을 충분히 갖고, 자녀와 함께 많은 일들을 함께 하며, 자녀가 부모님께 충분히 사랑받고 있다는 느낌을 받았다면, 아이는 드디어 스스로 스마트폰 없는 시간을 견딜 준비를 마친 것입니다. 스마트폰이 없이도 TV가 없어도, 컴퓨터가 없어도 혼자만의 시간을 고요히 즐길 수 있습니다.

부모님은 자녀와 함께 매일 1시간 이상 '스마트폰 없는 시간'을 통해 스마트폰 없이 보내는 시간을 즐기도록 이끌어주세요. 우리 아이들이 스마트폰에 의존할 수밖에 없는 이유는 어쩌면 외로워서, 또는 사랑받고 싶어서일지도 모릅니다. 스마트폰을 보고 있는 순간에는 외롭지도, 누군가에게 사랑받고 싶은 욕구도 다 잊어버리기 때문입니다. 많은 연구에서 스마트폰 의존의 원인을 우울, 자존감 저하, 외로움 등으로 밝히고 있습니다.

만약 위의 노력을 했음에도 아이가 스마트폰 사용을 스스로 조절하지 못하거나 스마트폰이 없으면 심각하게 불안해하는 등의 과의존 상태가 나아지지 않는다면 반드시 전문가의 도움을 받기를 바랍니다.

스마트폰이 없었던 우리의 어린 시절, 우리는 스마트폰이 없어도 행복하고 즐거운 시간을 보냈습니다. 그런데 지금 우리 아이들은 심심해서, 뭘 할지 몰라서 스마트폰을 본다고 말합니다. 어쩌면 어른인 우리가 아이들의 놀이와 취미를 빼앗고 스마트폰을 쥐어주며 그 안에서만 즐거움을 찾으라고 하고 있는지도 모르겠습니다. 스마트폰으로 잃어버린 아이들의 놀이와 건강한 취미생활을 꼭 찾아주기를 바랍니다.

4부

고딩엄빠

예방

친근한 너의 성을 응원해

찬란한 너의
성을 응원해

1. 딱 한 번 했는데 임신을 했어요

MBN의 고딩엄빠라는 프로그램을 본 적 있으시겠지요?

말 그대로 고등학생, 즉 청소년 부모의 이야기를 담은 프로그램입니다. 얼마 전, 제가 본 그 프로그램에는 모범생 여학생이 임신을 하고 혼자 야산에서 출산한 후 아기를 땅에 묻으려고 했다는 자극적인 내용이 방송되었습니다.

내용인 즉, 고딩엄빠에 나온 주인공 학생은 고등학교 시절 1등을 놓쳐본 적 없었고, 대한민국에서 가장 좋은 대학에 진학하는 것이 당연하다고 생각했던 모범생 중의 모범생이었습니다. 주인공은 'SKY반'에서 대학 입시 준비를 하던 중 초등학교 시절 첫사랑과 재회한 후 딱 한 번 성관계를 갖게 되었습니다. 생리 주기

조절을 위한 피임약을 복용하고 있었기 때문에 임신이 되었을 것이라고는 생각지도 못하던 어느 날, 극심한 고통과 함께 양수가 터졌고 그제야 자신이 임신했다는 것을 깨닫게 되었습니다. 그리고 홀로 야산에 가서 아이를 출산했고 제정신이 아니어서 아이를 땅에 묻으려 했다고 담담히 말했습니다.

대부분의 사람들은 십 대 임신, 미혼모의 이야기의 주인공은 모범생과는 관련이 적을 것이라고 생각합니다. 그러나 임신은 누구나 가능합니다. 초등학생도 전교 1등을 놓치지 않는 모범생도 누구나 준비되지 못한 임신을 할 수 있습니다. 최근 통계자료에 따르면 2018년 전체 출생아 수 326,822명 중 19세 이하 총 출생아 수가 1,300명이었습니다.[1] 이 숫자는 서류상 미혼모 부모로 등록되어 관련된 제도적 지원을 받는 대상을 의미하는 것으로 실제 출생아 수는 이보다 더 많을 것으로 추정되며, 지금은 7년이나 지났고 그 사이 코로나로 인해 인터넷 사용이 늘면서 음란물에 아이들이 더 많이 노출되었다는 것을 가정하면 2025년 현재

---

1 "2019 청소년부모 생활실태 조사 및 개선방안 연구", 사단법인 한국미혼모지원네트워크, 29.

는 더 늘어났을 것입니다.

제가 이 책을 쓰는 목적도 청소년의 준비되지 못한 임신을 예방하기 위해서입니다. 잠시 제가 병원에서 근무하던 때 만났던 친구의 이야기를 들려 드리겠습니다. 제가 간호사로 근무하던 병원은 사회봉사 차원으로 미혼모의 병원비를 무료로 지원해 주고 입양까지 도와주었습니다. 그래서 미혼모와 청소년 부모를 만날 기회가 많았습니다. 그때 저는 외과 병동에서 근무하고 있었는데 맹장수술, 담낭 절제술 등 다양한 외과적 수술 환자들의 전후 처치를 담당했습니다. 그런데 이런 외과에 가끔 산부인과 병동에 침상이 없으면 외과 병동에 입원하는 일들이 있었습니다.

제가 첫아이를 낳고 둘째를 임신하고 있을 무렵 외과 병동에 산부인과 환자가 조기 진통으로 입원을 했습니다. 그 친구와 저는 임신주수가 비슷했기에 아기를 품고 있다는 동질감이 느껴졌고 마음이 더 쓰였습니다. 그런데 그 친구와 저의 다른 점은 저는 축복받은 임신을 했고 곧 태어날 아이에 대한 기대감으로 하루하루 기다리고 있었다면, 그 친구는 18살 고등학생이며 아기를 낳고 바로 입양을 보낼 계획을 가지고 있었습니다.

18살 미혼모였던 그 친구는 자신이 아기를 키울 수 없다는 것을 누구보다 잘 알고 있었고 임신 26주였던 그때부터 입양을 생각하고 있었습니다. 자신을 지지해 줄 가족이 없었던 그 친구는 매일 학교 끝나고 병원으로 오는 아기의 아빠를 기다렸습니다. 아기의 아빠는 18살 동갑이었고 교복을 입고 매일 그 친구를 보러 병원에 왔습니다. 알고 보니 같은 반 1, 2등을 다툴 만큼 공부를 잘했던 친구들이었는데, 서로 좋은 감정으로 사귀게 되었고 호기심에 음란물에서 봤던 것처럼 딱 한 번 관계를 가졌는데 임신이 되었다고 했습니다. 임신을 알게 된 여학생의 어머니는 딸에게 너무 실망해서 대화도 거부하고 어떤 관심도 가지지 않았다고 합니다. 점점 배가 부르기 시작하자 임신을 숨기기 어려웠던 그 친구는 학교를 자퇴하고 혼자서 집에서 지내다가 조기 진통으로 병원에 입원하게 되었습니다.

저는 그 아이들이 참 예뻐 보였습니다. 태어날 아기를 기다리고 있는 부모의 모습 그 자체였으니까요. 아기 아빠가 엄마의 배를 잡고 태담을 하는 모습을 보기도 했고, 함께 태동을 느끼면서 마주 보고 까르륵 웃는 모습이 참 보기 좋았습니다. 다행히 치료가 순조로워 아기 출산이 가까워졌을 무렵 병동에서 사람들이 눈에 띄지 않는 곳에서 그 아이들을 보게 되었습니다. 그 두 아이들이 꼭 껴안고 울고 있었습니다. 입양 보내기 싫다고, 아기를 낳고 함께 키우고 싶다고 말하더군요. 저도 눈물이 났습니다. "내 뱃속에서도 아기가 자라고 있고 따뜻한 가정에서 행복하게 잘 키워주고 싶은데 이 친구들도 똑같구나."라는 생각이 들었습니다.

상황이 너무나도 안타까워 "이 예쁜 친구들이 성인이 되어 학업을 마친 후 사랑을 하고, 부모가 될 준비가 된 뒤 이 아기가 찾아왔다면 얼마나 좋았을까?"라는 상상을 했습니다.

그때 그 아이들을 만났던 기억은 보건교사가 된 제 마음속에 아직도 아픈 손가락처럼 남아있습니다. 그 친구들의 아기와 같은 나이인 제 둘째 아들을 볼 때면 가끔 그 친구들이 눈물로 입양 보낸 아기가 궁금해집니다. 그 이유로 저는 제가 가르치는 아이들이 준비되지 못한 임신을 하지 않도록 교육해야겠다는 사명감을 가지게 되었습니다.

십 대에 임신한 것은 잘못이 아니고 죄도 아닙니다.

다만 꿈을 향해 노력해야 할 소중한 그 시기를 임신과 출산, 육아로 맞바꾸는 것이 너무 안타까울 뿐입니다. 아직 우리나라는 청소년 부모에 대한 지원이 충분하지 않고 사회적인 인식도 좋지 못합니다.[2] 조사 결과에 따르면 십 대에 임신하고 출산한 경우, 네 명 중 한 명은 한 달 50만 원을 벌지 못하고, 일부는 임신 중에도 지낼 곳이 마땅치 않아 찜질방과 모텔 등 임시 거처를 전전한다고 합니다. 준비되지 못한 임신으로 인한 임신중단을 선택하지 않고 생명을 선택한다고 하더라도 너무 많은 것을 포기해야 합니다.

---

2 위의 연구, 29.

그렇다면 어른인 우리는 어떻게 우리의 자녀가 청소년 부모가

되는 것을 예방할 수 있을까요? 아이들이 준비되지 못한 부모가

되지 않고, 꿈을 향해 달려가는 중요한 시기를 현명하게 지나가

도록 어떻게 도와줄 수 있을까요?

2. 사춘기 자녀를 이해하기

저는 청소년기가 고딩엄빠 예방교육을 시작하는 가장 좋은 시기라고 생각합니다. 청소년기 우리 아이들은 혹독한 사춘기를 겪고 어른이 되기 위해 노력하고 있습니다. 이미 그 시기를 보낸 부모님께서는 "사춘기 나도 겪었어, 그게 뭐가 힘들다고 그래."라고 생각할 수 있겠지만 우리 아이들은 급격한 호르몬의 변화와 뇌의 발달 사이에서 외로운 외줄 타기를 하고 있습니다. 아이들이 어른이 되기 위한 과정인 사춘기 시기에 부모님께서 아이들의 사춘기를 이해하고 공감하면서 아이 스스로 잘 이겨 나갈 수 있다고 격려해 준다면 힘들고 외로운 사춘기를 잘 이겨낼 수 있을 것입니다. 그리고 착하고 밝고 말 잘 듣던 아이가 사춘기에 달라진 원인을 이해하면, 아이를 잘 배려하게 되고 대화할 수 있습니다.

사춘기 아이의 달라진 행동과 감정의 변화의 원인을 크게 **뇌의 성숙과 남성호르몬의 증가**로 설명할 수 있습니다.

□ 대뇌 변연계의 성숙

인간의 뇌는 여러 부분으로 나뉘어있습니다. 그 중 사춘기와 관련이 깊은 대뇌 변연계는 느끼는 뇌라는 별명이 붙습니다. 변연계는 흥분, 분노, 불안, 두려움, 욕구 등과 같은 기본적인 감정을 관장합니다. 또한 청소년기에 발달하기 시작하기 때문에 청소년기에 유독 감정변화가 심하고 감정을 통제하는 것이 어렵습니다. 이외에도 대뇌 변연계에는 시상하부(스트레스를 통제 담당), 대상피질(집중, 주의 통제 담당), 해마(기억담당), 편도체(불안, 공포 등과 같은 부정적인 감정과 위험을 감지)가 속해있습니다.

특히 편도체는 불안, 공포 같은 부정적인 감정이 느껴질 때 편도체를 포함한 주위 영역까지 활성화됩니다. 편도체와 연결되어 있는 전전두엽은 불안, 공포 등에 활성화된 편도체의 영역을 진정하도록 유도하며 상호작용합니다. 그러나 청소년기 전전두엽의 가지치기로 인해 뇌의 진정작용이 저하되고 공포, 불안 등을 담당하는 변연계에서 감정처리를 잘 하지 못하니 전전두엽과 편도체 두 영역 간의 상호작용에 오류가 발생하게 되면서 부정적인 감정이 계속 유지되거나 증가하는 경향을 보입니다.[3]

□ 전두엽의 가지치기

청소년기 아이들의 뇌에서 가장 중요한 부분은 전두엽입니다. 전두엽은 기억력, 사고력, 운동 통제 등의 고등 행동을 관장하며 원시적 충동 조절, 이성적 판단을 관장하며 인간의 뇌에서 가장 발달된 부분이자 인간을 다른 동물과 구별 짓는 가장 중요한 부위입니다. 또한 전전두엽은 계획, 판단, 자기 억제와 같은 고도의

---

3   "사춘기 시기 뇌 기능의 특징", https://www.youtube.com/watch?v=D20_TMC5LTU (2025년1월2일 검색), "감정을 담당하는 뇌 기관", https://www.youtube.com/watch?v=wSY6hC0WyFQ (2025년1월2일 검색).

이성적 사고를 관장하는 부위이며 인간의 뇌 중에서 가장 늦게 성장하기 때문에 사춘기 시기 전전두엽의 가지치기로 인하여 감정을 조절하는 기능이 현저히 떨어집니다.

12세~17세 아이들은 전두엽이 가장 왕성하게 발달하는 시기입니다. 이때 전두엽의 네트워크, 시냅스의 형태, 세포의 숫자, 신경세포 자체의 숫자 등의 근본적인 변화가 일어납니다. 이를 뇌의 가지치기로 설명할 수 있는데 7세~12세까지 학령기 동안에 별로 쓸모가 없었던 신경회로나 신경세포들은 사춘기 때(전두엽이 왕성하게 발달하는 시기) 솎아져 나가고 잘리면서 필요한 회로들이 완성되는 중간 과정의 시기를 겪게 됩니다. 이러한 전두엽의 가지치기 때문에 아이들은 자신의 감정을 통제하기 어렵고 쉽게 화를 내거나 짜증을 내곤 합니다.[4]

4 "사춘기 뇌의 변화", https://www.youtube.com/watch?v=MMd_flPIX6E&t=6s (2025년1월2일 검색), "10대 놀라운 뇌, 불안한 뇌, 아픈 뇌", https://www.youtube.com/watch?v=VUMPbyrto0w (2025년1월2일 검색).

□ 남성호르몬의 증가

청소년기 아이들은 남성호르몬(테스토스테론)이 일생 중 가장 왕성하게 분비되면서 공격적이고 경쟁적이며 독립적으로 변합니다. 남성호르몬은 남자 청소년뿐만 아닌 여자 청소년에게서도 소량 분비되기 때문에 사춘기 시기 남녀 공통적으로 음모와 겨드랑이 털이 자라고, 왕성한 피지 분비로 인한 여드름이 나면서 골격이 커집니다. 남성의 경우 테스토스테론의 분비량은 청소년기와 20대 초·중반에 최고치를 찍고 매년 조금씩 줄어드는 것으로 알려져 있습니다. 또한 테스토스테론은 의사결정 과정에서 합리성보다는 순간 판단에 의존하는 경향을 강하게 하고 독단적이며 타인과 협력하는 능력을 감소시킵니다.

독일 막스 플랑크 인간발달연구소와 미국 캘리포니아 버클리대 공동 연구팀은 10~14세 남자아이들 72명을 대상으로 체내 테스토스테론 농도와 충동적이고 위험한 행동과의 상관관계 분석하는 실험을 진행했는데 연구 결과는 실험에 참가한 75% 이상이 즉각적인 보상을 원했으며 체내 테스토스테론 농도가 높을 수록 즉각적이고 충동적인 선택을 하는 경향이 컸다고 합니다. 이 연구를 주도한 연구팀은 "충동성이란 단어가 좋지 않은 의미로 이해되기도 하지만 청소년의 충동성은 성장과정에서 나타나는 건강한 발달의 한 부분이며, 10대들을 독립적으로 살아갈 수 있는 방법을 배울 수 있게 해 주는 긍정적인 면이 있다"라고 했습니다.[5]

이와 같은 이유로 우리 아이들이 사춘기 시기에 달라지고 충동적이고 과격한 모습을 보이는 것입니다. 아이의 달라진 모습을 이해해 주시고 자신의 삶에 책임감을 갖고 타인을 배려하는 멋진 어른이 될 수 있도록 응원이 많이 필요합니다.

---

5 "참을성 없는 아들, 원인은 남성호르몬", 유용하, 서울신문, 2017년 6월 6일.

3. 나 생리 시작했어

찬성 씨의 지인은 이혼 후 혼자 딸을 양육하고 있는 싱글 파파입니다.

어느 날 6학년 된 딸이 "나 생리 시작했어. 생리대 착용하는 것은 학교에서 배웠고, 유튜브 찾아봐서 혼자 할 수 있어. 근데 생리팬티 사줘."라는 말을 들었습니다. 너무도 무덤덤하게 생리의 시작을 전하는 딸의 말에 당황스러움을 느끼고 인터넷 검색을 하다가 사람들이 생리를 시작할 때 하는 파티가 있다는 것도 알았습니다. 이혼하고 아이를 혼자 키우고 있는지라 미리 챙겨주지 못한 미안함과 딸을 키우며 알아야 될 것들이 무엇인지 몰라 걱정스럽습니다.

생리를 시작한 아이들은 어른이 된 듯한 느낌이 들기도 하고, 실제로 하다 보면 귀찮아하기도 합니다. 아직 생리를 시작하지 않은 아이들은 '친구들은 생리를 시작했다는데 나는 언제 하지?' 하며 은근히 기다리고 기대하고 있습니다. 이차성징이 시작되면 여자아이들은 생리를 시작하고, 남자아이들은 몽정을 경험합니다. 몸의 변화가 급격하게 이루어지고, 뇌의 리모델링으로 정서적인 변화도 시작되어 아이는 '나는 누구지?'라는 고민을 하게 되면서 혼란스러워합니다.

아이들이 자신에 대한 고민을 하고 혼란스러운 바로 그때가 고딩엄빠 예방교육의 적기입니다. 부모님들은 청소년들의 이차성징에 대해 이해하고 변화하는 아이들에 몸과 정서에 맞는 대화를 해 주어야 하지만 쉽지 않습니다. 자녀는 자기가 하고 싶은 말만 할 테고, 부모인 우리는 묵묵히 들어주고 지지해 줘야 하며 만약 자녀가 잘못된 생각을 하고 있다면 현명하고 부드럽게 바른길로 이끌어 줘야 하기 때문에 참으로 어렵습니다. 그렇지만 우리가 기억해야 할 것은 청소년기는 우리 자녀가 자신을 아끼고 자신의 몸을 책임질 수 있는 교육을 시작해야 하는 최고의 시기라는 것입니다. 어려워도 꼭 시작하시길 바랍니다.

그렇다면 생리를 시작한 딸에게 부모로서 어떻게 도와줄 수 있을까요? 어디선가 들었던 것처럼 생리 파티를 열어야 할까요?

생리 파티는 아이가 원한다면 열어주셨으면 합니다. 아이는 생리를 통해 이제 임신을 할 수 있는 몸이 되었고 여성으로서 살아갈 수 있는 준비를 시작하게 되었습니다. 그런데 생리 파티보다 중요한 것은 아이에게 월경주기에 대해 알려주는 것입니다.

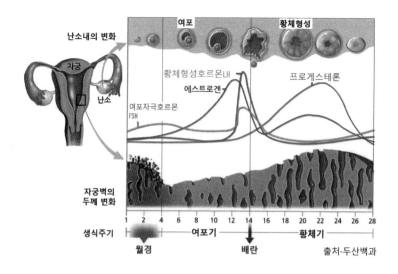

난소내의 변화
여포
황체형성
자궁
난소
황체형성호르몬LH
에스트로겐
프로게스테론
여포자극호르몬
FSH
자궁벽의
두께 변화
생식주기
1 2 4 6 8 10 12 14 16 18 20 22 24 26 28
월경
여포기
배란
황체기
출처-두산백과

-여성의 월경주기[6] -

여성은 태어나면서부터 약 200만 개가량의 원시난포를 가지고

있다가 이차 성징이 시작되면 생리주기가 시작되면서 원시난포가

성숙하여 배란이 되고 생리를 시작합니다. 가임기란, 난자가 배란

이 되어 임신 가능한 기간을 뜻하며 초경 시작부터 폐경될 때까

지를 말하며 가임기 여성의 자궁내막은 주기적으로 분비되는 호

르몬에 의해 두꺼워지기도 하고, 얇아지기도 합니다.

생리 시작 첫날부터 다음 월경이 시작하기 전날까지를 생리 주

6 "여성의 월경주기", https://terms.naver.com/entry.naver?docId=1131421&cid=40942&categoryId=32791 (2025년1월10일 검색).

기라고 말하며 여포기, 배란기, 황체기, 월경기로 나뉩니다.[7] 또한 월경주기는 연속하는 두 번의 생리의 시작일 사이의 간격으로 21~35일(평균 28일)인 경우 정상이며, 보통 2~7일 기간 동안 월경을 경험합니다.

□ 여포기

뇌하수체 전엽에서 분비되는 여포자극 호르몬에 의해 난소의 여포와 난자가 성숙합니다. 성숙한 여포에서 에스트로겐이 분비됩니다. 이에 따라 생리를 멈추고 자궁의 내막 증식하여 두꺼워지기 시작합니다. 에스트로겐은 여성의 이차 성징이 나타나게 하고 자궁 내벽을 두껍게 만들어 만약 임신이 되었을 경우 수정란의 착상을 용이하게 하는 자궁내벽의 준비를 합니다.

---

7 "월경", https://terms.naver.com/entry.naver?docId=927592&cid=51007&categoryId=51007(2025년 1월 10일 검색).

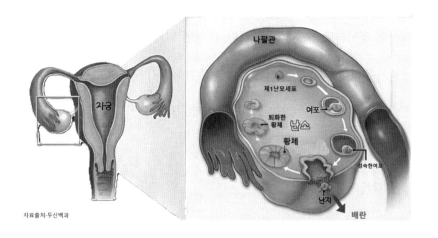

자료출처-두산백과

- 여포기 난자의 성숙[8]-

□ 배란기[9]

황체형성 호르몬에 의해 성숙한 여포가 파열되고 배란이 일어

납니다. 배란은 다음 생리예정일로부터 14일 전에 일어납니다. 생

리주기가 28일로 규칙적인 경우, 이번 생리시작일로부터 14일째

가 배란일이라고 예측할 수 있으며, 생리주기가 35일 이라면 생

리 시작일로부터 21째에 배란이 되고, 배란 후 14일 후에 생리가

8 "난자", https://terms.naver.com/entry.naver?docId=1099736&cid=40942&categoryId=32318 (2024년12월5일 검색).

9 "배란", https://terms.naver.com/entry.naver?docId=927593&cid=51007&categoryId=51007 (2024년12월5일 검색).

시작될 것이라고 예측 가능합니다. 배란된 난자는 24시간 동안 생존가능하며 정자는 72시간 동안 생존가능하기 때문에 배란예측일 전후를 포함하여 각각 3일간 즉, 배란일을 중심으로 1주일을 임신 가능성이 높은 시기로 봅니다.

□ 황체기

배란 후 여포는 노란색의 황체로 변합니다. 황체에서는 프로게스테론과 에스트로겐이 분비됩니다. 프로게스테론은 수정란의 착상에 도움을 주기 위해 자궁 내벽을 더욱 두껍게 유지하며 새로운 여포의 성숙과 배란을 막습니다.

□ 월경기

배란된 난자가 수정되지 않으면 황체는 퇴화하고 프로게스테론의 분비량이 감소하면서 두꺼워졌던 자궁 내벽이 파열되어 체외로 배출됩니다. 이것을 월경이라고 부릅니다.

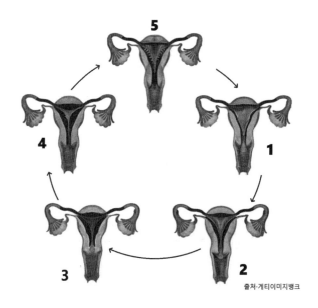

출처·게티이미지뱅크

– 자궁 안쪽 벽이 두터워졌다가 월경을 통해 떨어져 나가는 과정[10] –

자녀와 생리주기에 대한 이미지를 함께 보면서 자녀의 생리주기를 계산해 봅시다. 아이의 생리주기가 28일인지 30일인지 함께 세어보고, 언제가 배란일인지 계산합니다. 아이 스스로 자신의 생리주기에 대한 이해를 하고, 자신이 배란기 때 임신을 할 수 있다는 것을 아는 것이 중요합니다. 필요하다면 유튜브에 있는 관련 자료를 찾아보는 것도 도움이 될 것입니다. 이러한 준비를 통

10   "월경", https://terms.naver.com/entry.naver?docId=6540858&cid=66878&categoryId=66878 (2025년1월4일 검색).

해 아이가 언제 생리를 시작할지 알고 있다면 생리대를 준비하지 못해 당황스러울 경험이 줄어들 것이며, 언제 배란할지 안다면 배란통이나 배란기 때 질 분비물이 평소보다 많이 나오는 것 등에 대한 이해를 가지고 자신의 몸에 대해 더 긍정적으로 생각할 수 있습니다.

또한 아이가 첫 생리를 시작했다는 것은 이제 임신할 가능성이 있다는 것입니다. 생리는 사랑하는 딸이 어른이 되어가는 과정에 있고 엄마가 될 준비를 하는 신비로운 경험이지만 그만큼 자신의 몸에 대한 책임감을 가져야 하는 중요한 시기를 의미하기도 합니다. 생리는 인간의 생리 현상 중 하나이기에 우리 아이가 생리를 부정적으로 바라보지 않고 긍정적이고 건강하게 볼 수 있도록 지지해 주시고 격려해 주시기를 바랍니다.

저는 이차 성징 수업을 할 때마다 아이들에게 꼭 해주는 말이 있습니다.

"생리와 몽정이 시작되었다는 것은 임신을 할 수 있다는 거야.

지금 앉아 있는 너희들 중에 임신을 하고 아기를 키울 수 있는 부모로 준비된 친구들이 있니?"라고 물으면 아무도 대답하지 못합니다. 이어 말합니다. "그렇기 때문에 생리와 몽정을 시작하면 지금부터는 너희들의 몸을 책임져야 하는 중요한 시기가 시작되었다는 뜻이야. 부모님께서 너희들을 따라다니면서 지켜주는 데는 한계가 있기 때문이지."

부모인 우리가 생리와 몽정을 시작한 우리 아이들에게 건강한 성 가치관을 심어주고, 우리의 자녀가 준비된 부모로 자라게 하기 위해서는 자녀와 많은 시간을 함께 보내고 충분한 대화를 해야 합니다. 그래서 청소년기 삶의 방향을 정하는 시기인 아이에게 부모에게 말하기 어려운 비밀이 생겼을 때 어려운 마음을 뚫고 부모에게 말할 수 있는 믿음을 심어줘야 하는 시기이기도 합니다.

평소 자녀와 시간을 많이 보낸 분이라면 어렵지 않으시겠지만, 자녀와 대화 시간이 부족하다고 생각되는 분은 지금부터라도 시간을 늘려보시길 바랍니다. 아이와 함께 차분히 대화를 나

누다 보면 어느새 성큼 자라있는 사랑스러운 아이를 만나게 되

실 것입니다.

4. 아들 첫 몽정을 축하해

찬성 씨의 아들은 6학년이 되면서 사춘기의 첫 단추를 끼우고 있습니다.

얼마 전 아들에게 뜬금없는 이야기를 듣게 되었습니다.

"엄마 나 5학년 때 팬티 침대 밑에 숨겨놨던 때 있잖아. 그때 나 몽정해서 숨겨놓았던 거야."

"뭐라고?"

화들짝 놀라면서 그때의 기억을 되짚어 봤습니다.

1년 전, "아들 엄마 빨래 돌리려는데 너 팬티가 왜 한 개밖에 안 나와 있냐? 팬티 다 어디 갔어?"라고 물었습니다. 그때 아들은 몹시 당황해하면서 후다닥 침대 밑에 숨겨둔 팬티들을 들고 나오는 게 아니겠어요? 찬성 씨는 그때까지도 상황 파악을 못 하고 아들을 닦달했습니다. "이 녀석아. 팬티를 침대 밑에 숨겨놓으면 엄마가 못 빨지 다음부터는 꼭 세탁실에 가져다 놔." 아들은 우물쭈물하며 "네."라고 대답했습니다. 바로 그때 찬성 씨의 아들은 몽정을 시작했던 날이었습니다.

사실 여자 청소년의 초경이 너무 충격적인 사춘기 사건이어서 그렇지 남자 청소년의 사정, 몽정은 소홀하게 넘어가는 경우가 많습니다. 그렇지만 남자 청소년의 몽정도 아주 중요한 사춘기의 출발선입니다. 남자 청소년이 처음 몽정을 경험하는 시기는 바로 고딩엄빠 예방교육의 적기입니다. 아이에게 고딩엄빠 예방교육을 하기 전, 남자 청소년의 이차성징에 대한 이해가 필요합니다.

저는 발기, 사정, 몽정을 남자 청소년의 '이차성징 3종 세트'라고 부릅니다. 그러면 남자 청소년 이차성징 3종 세트가 무엇인지 알아보겠습니다.

우선, 발기에 대해 알아볼까요?

영화나 드라마에서 남자배우가 사람이 많이 타는 버스나, 좋아하는 여성 앞에 서면 갑자기 발기가 되어 가방으로 가린다거나 얼굴이 빨개지며 곤란해하는 장면을 본 적이 있으시지요?

발기는 태아기 때에도 관찰이 가능하여 초음파로 확인할 수 있으며, 저 또한 두 아들의 성별을 뱃속 초음파를 통해 알게 되었습니다. 의사가 말해주지 않아도 너무나도 잘 보여 "아들이구나!"라고 생각했습니다. 남성의 성기인 음경은 스펀지같이 조직에 구멍이 뚫린 해면조직으로 되어있습니다. 음경 해면체와 요도 해면체에 혈류가 증가하여 충혈(혈액이 가득 차면)이 일어나면 음경이 커지고 딱딱해지는 발기가 됩니다.

발기는 성적 흥분에 의해서 일어나지만, 국소 자극에 대한 반사로도 일어납니다. 즉, 아무 때나 아무런 이유 없이 스스로 조절하고 싶지만 조절할 수 없습니다. 남자 청소년에게 예상하지 못한 순간에 갑자기 발기가 된다면 어떻게 조절해야 하는지 이제 막

몽정을 경험한 아들에게 알려주는 것이 필요합니다.

이때는 자연스럽게 옷이나 가방으로 가리고 발기가 가라앉을 때까지 기다리는 방법이 있고, 가릴 것이 없다면 의자에 앉아 다리를 꼬고 앉아서 몇 분간 기다리면 괜찮아질 거라고 이야기해 주세요.

또한 아빠만의 발기를 잠재우는 노하우가 있다면 아들에게 슬쩍 알려주셔도 좋습니다. 여자친구든 남자친구든 친구가 발기된 모습을 본다면 자연스러운 현상으로 생각하고 놀림의 대상이 아닌 것을 분명하게 알려주세요. 생각보다 많은 친구들이 발기에 대한 이해가 부족하여 갑자기 발기가 된 친구들을 놀립니다. 이때 잘못하면 아이가 생리적인 현상에 수치심을 갖게 하고 자신의 몸을 부끄럽게 여기게 됩니다.

아이에게 발기란 남자 어른이 모두 경험하는 자연스러운 부분이며 발기가 된 친구를 놀리는 것은 밥 먹는 것을 놀리는 것과 같은 것이라 이야기해 주시기를 바랍니다. 아무도 밥 먹었다고 놀리지 않지요? 그렇게 누구나 겪는 자연스러운 현상이 놀림의 대상이 돼서는 안 된다고 알려주세요.

두 번째는 사정입니다.

사정은 남성에게 물리적이거나 정신적인 자극이 주어져서 성적 흥분이 최고가 되었을 때 남성 성기에서 정액이 분출하는 현상을 의미합니다. 좀 어렵게 말하면, 정액이 전립선에 모아지는 과정과 정액이 요도를 통해 나오는 과정을 의미합니다.[11]

일반적으로 성인 남자는 고환에서 1초 동안 1000개, 하루에 약 1억 개 정도의 정자를 만듭니다.[12] 성적인 흥분이 높아지면 고환에 있는 정소에 모인 정자가 정관을 따라 이동합니다. 성적인 흥분이 정점에 달하는 상태(오르가슴 상태)가 되면 척수에 있는 사정중추의 반사에 의해 방광괄약근이 수축하고 정액이 전립선으로 모입니다. 이때 정자도 정관을 통해 이동하여 전립선에서 정액과 합쳐지게 됩니다. 이후 요도 괄약근이 수축하여 전립선 내

---

11 "사정", https://terms.naver.com/entry.naver?docId=1107895&cid=40942&categoryId=32314 (2025년 1월 14일 검색).

12 "자연임신 힘들어 정자 질 높이려면", 머니투데이, 2024년 1월 5일.

의 정액을 압박해 요도구를 통해 방출하게 되는 것입니다.

그런데 사춘기 아이들은 대부분 첫 사정을 몽정으로 경험합니다. 몽정은 잠을 자는 도중에 무의식적으로 사정하게 되는 것을 의미하는데, 마치 주전자에 물이 가득 차면 넘치는 것처럼 남자 청소년이 이차성징이 시작되어 고환에서 정자를 만들고 누적되면 정액 양이 많아지면서 아이가 의도하지 않았어도 자면서 사정을 경험하게 되는 겁니다. 또한 일상생활을 하면서 공에 맞거나, 뛰거나, 자극을 받거나 할 때 등 정액이 조금씩 새어 나올 수 있습니다. 이것을 유정이라고 부릅니다.

남자 청소년이 몽정을 했다는 것은 아빠가 될 수 있다는 말입니다. 첫 몽정을 경험한 아이에게 미래에 네가 사랑하는 사람과 너를 꼭 닮은 사랑스러운 아기를 낳을 수 있게 된 것을 축하해 주시기를 바랍니다. 사정된 정액 속에는 수분이 90% 정도이며 10%는 단백질, 지방, 과당 등이며 실제 정자는 1% 미만입니다.

또한 성인 남성이 사정할 때 3억 마리 이상의 정자가 정액과 함께 분출되어 나옵니다. 사람들이 한 번에 사정하는 양은 사람마다 다르나 평균 2ml~5ml 정도이며 오랫동안 사정하지 않은 경우 더 많은 양이 분출될 수 있으며 정액의 양이 많을수록 임신 확률은 높아집니다.

처음으로 몽정을 시작한 아들에게 민망하고 어색하지만 꼭 이야기해 주시기를 바랍니다.

"몽정을 시작한 너는 아빠가 될 수 있어, 네 몸에는 하루에 1억 개 정도의 정자가 만들어지고, 몽정을 한 후 사정액 안에는 적어도 건강한 3억 마리의 정자가 있어. 어쩌면 아빠보다 더 많이 가지고 있을지도 모르지. 이 때문에 너는 이제부터 네 몸을 지켜야 할 시기가 온 것이란다. 준비되지 않았는데 아빠가 된다고 생각해 보렴. 키울 수 있겠니?

지금은 네가 미래에 어떤 꿈을 가지고 싶은지 고민하고 치열하게 노력해야 할 때란다. 아직 아빠가 되기에는 이르고 준비가 필요해."라고요.

아이와 몽정, 사정에 대해 충분히 이야기하시고 아이의 고민이나 궁금함을 들어주세요.

반드시 정답을 주실 필요는 없습니다.

저는 남학생과 여학생이 서로의 성기와 서로의 성에 대한 이해가 필요하다고 생각합니다. 남학생은 여성의 몸과 생리를 여학생은 남자의 발기, 사정, 몽정 정도는 알고 있어야 서로의 몸에 대해 이해하고 배려해 줄 수 있습니다.

서로의 몸과 이차 성징에 대해 충분히 이해하고 있어야만 자신들의 성행동으로 인하여 임신이 가능하다는 것을 알게 되고 임신이 가능한 성행동을 피할 수 있습니다.

청소년인 우리의 자녀가 남자친구 또는 여자친구와 성관계를 통해 임신이 가능하고 임신을 하게 되었을 경우 출산을 위해 학업을 포기하거나, 인공임신중절을 선택해야 한다는 것을 정확하게 알려주시길 바랍니다.

그러나 위와 같은 대화는 정말 피하고 싶을 것입니다. 돈을 주고 누군가가 대신 말해줬으면 좋겠다고 생각하실 수도 있습니다.

그러나 아이의 삶을 좌우하는 중요한 말을 어떻게 남에게 맡길 수 있겠습니까? 이런 대화는 꾸준히 해야 합니다. 한두 번 듣는다고 해서 내면화되지 않습니다. 지속적으로 아이와 대화하고 자신의 미래를 위해 현재의 만족을 지연할 수 있도록 인도해주어야 합니다. 그래야만 성 행동을 앞두고 상대방과 자신을 위해 멈출 수 있으며, 우리 아이들이 자신이 부모가 될 준비가 되었을 때 성관계를 갖고 건강한 가정을 이룰 수 있습니다.

5. 피임하면 임신 안된다면서요(1)

찬성 씨는 친하게 지내던 아래층 아이 친구 엄마에게 충격적인 소식을 들었습니다. 같은 아파트에 사는 초등학교 4학년 여학생이 임신을 했는데 다수의 남성들과 성관계를 갖아 뱃속 아이 아빠가 누구인지 모르며 아이 아빠를 찾고 있다는 말이었습니다.

세상에나! 초등학교 4학년이 임신한 것도 충격적인데 아이 아빠를 모른다니요. 아래층에 사는 아이 친구의 엄마가 이어서 말합니다.

"애가 울면서 콘돔 썼다고, 피임했는데 왜 임신이 된 건지 모르겠다고 하더라."

정신이 바짝 들었습니다.

청소년 임신이 더 이상 남 이야기가 아닌 것 같아 심장이 두근거립니다.

그런데 어떻게 내 아이들에게 성교육을 해주어야 할까요?

한국보건사회연구원의 '여성의 피임 실천 현황' 보고서에 따르면, 성생활을 하고 있는 국내 여성이 선호하는 피임법은 콘돔 착용(54%)이 가장 높았고, 월경주기법(32.7%)과 질외사정(29.4%)이었습니다. 또한 최근 1년간 성관계 경험이 있는 청소년의 54.6%가 성관계시 항상 피임한다고 답했습니다.[13] 그렇다면 반대로 응답하지 않은 45.4%의 청소년들은 성관계시 피임을 할 때도 있고 안 할 때도 있거나 아예 피임을 하지 않고 있다고 생각할 수 있습니다.

현대적 피임이란 질외사정과 월경주기법을 전혀 사용하지 않는 피임을 의미합니다. 피임에 실패하여 임신할 가능성이 높은 질외사정과 월경주기법을 전혀 사용하지 않기 때문에 학계에서는 '안전한 피임' 또는 '현대적 피임'이라고 부르고 있습니다.

그런데 지난 1년간 현대적 피임을 실천했다는 청소년의 응답은 24%밖에 되지 않았습니다. 그렇다면 응답하지 않은 76%의 청소년들은 안전하지 않은 피임법을 사용하고 있다는 뜻이며 성관계

---

13 "여성의 피임 실천 현황과 시사점", 한국보건사회연구원, 2023년 7월. 30, 32.

후 임신 가능성으로 인해 불안하고 걱정스러운 상황에 놓이게 된다고 생각할 수 있습니다.

또한 성관계 시 피임 결정을 주로 누가 했느냐는 질문에는 청소년 69.3%가 '본인과 성관계 상대가 같이 결정했다'라고 응답했으며 상대가 원치 않아 사용하지 못한 적이 있다는 응답은 청소년 22.7%가 답했습니다.

아이들도 아직 자신들이 부모가 될 때가 아니라는 것을 누구보다 더 잘 알고 있습니다. 그래서 성관계를 가질 때 피임을 하려고 노력합니다. 하지만 아직 경험이 적고 미성숙한 아이들에게 성관계 시 정확한 방법의 피임을 기대하기는 어렵습니다. 정확한 방법으로 피임을 하지 못한 결과는 원치 않는 임신, 즉 준비되지 못한 고딩엄빠가 되거나 인공임신중절을 택하게 됩니다.

사실 정확한 피임은 성인도 어렵습니다. 유엔(UN) 인구 기금에 따르면, 2015~2019년 세계 여성 임신의 약 48%가 계획되지 않은 임신이었으며, 매년 약 1억 2100만의 여성이 임신하며, 이

중 61%가 결국 인공임신중절로 이어지고 있다는 조사 결과가 있습니다.[14]

그렇다면 피임만이 원치 않는 임신을 예방하는 유일한 방법일까요? 국내 여성이 가장 선호하는 피임방법인 콘돔은 정확한 방법으로 착용하였을지라도 실패해서 임신이 될 확률이 2% 정도라고 학계는 보고합니다.[15] 아무리 정확한 방법으로 착용해도 100명 중 2명은 임신을 하게 된다는 것입니다.

또한 아이들은 피임법을 사용하는 일에 서툴기 때문에 콘돔의 사용법을 제대로 숙지하지 못한 경우에는 임신 가능성이 17.4%까지 높아진다는 연구 결과도 있습니다. 즉 콘돔을 사용하였으나 정확하게 사용하지 못한 경우 100명 중 17.4명은 콘돔을 사용한 피임을 했어도 임신이 된다는 겁니다.[16]

---

14 "원치 않는 임신, 매년 1억 2100만건 현명한 피임법은", 코메디닷컴, 2023년 9월 24일.

15 "각 피임법에 따른 첫 1년간의 피임실패율", 국가건강정보포털, 2020년 7월.

16 위의 연구.

□ 정확한 콘돔 사용법

1) 콘돔 사용 전 유통기한을 확인합니다.

- 콘돔 포장지의 한쪽 면을 잡아당겨 콘돔을 꺼냅니다.

- 손톱 또는 장신구 등으로 찢어졌다면 새것을 사용합니다.

2) 반드시 삽입 전 발기가 되었을 때 착용합니다.

(쿠퍼액에도 약 100만 개 이상의 정자가 포함되어 있고 성병도 옮길 수

있기 때문입니다.)

3) 엄지와 검지로 콘돔 앞 부분(돌출된 부분)을 눌러 공기를

빼내야 합니다.

(끝부분을 비틀어 공기를 빼서 정액의 자리를 확보해야 하기 때문입니

다.)

4) 콘돔 착용 시 정액받이에 공기가 들어가지 않도록 잡고 있어

야 하며 비튼 부분이 발기된 음경 쪽으로 향하게 씌웁니다.

5) 사정 후 음경이 계속 발기가 된 상태에서 콘돔이 질 안에서

벗겨지지 않도록 잡고 조심히 질에서 분리시켜 바로 콘돔을 벗

깁니다.

(만약 질과 분리할 때 질 안에서 벗겨진다면 임신 가능성이 높아집니다.)

6) 끝을 묶고 휴지에 싸서 휴지통에 버립니다.

7) 성관계가 여러 번 있는 경우, 매번 새 콘돔을 사용하여야 합니다.

제가 콘돔 사용법을 쓴 이유는 간단하고 구하기 쉬워서 아이들이 가장 많이 사용하는 현대적 피임 방법이지만 정확하게 사용하기 위해서는 단계에 맞춰서 많은 주의가 필요하다는 것을 알려드리기 위해서입니다. 이런 순서로 정확하게 착용했다고 해도 100명 중 2명은 임신이 가능합니다.

그리고 아이들이 가장 쉽게 접하는 질외사정 또한 임신 가능성이 18.4%입니다.[17] 쿠퍼액 속에도 정자가 있기 때문에 질외사정 피임법을 사용해도 5명 중 1명은 임신가능성이 있습니다.

---

17 위의 연구.

그렇다면 접근성이 높은 경구피임약을 알아볼까요?

경구피임약은 여성의 호르몬을 조절하면서 생리를 늦추는 것으로, 중요한 일이 있거나 여행을 위해 생리를 미뤄야 할 때, 월경 불순일 때, 치료를 목적으로 복용하는 등의 다양한 목적이 있습니다.

또한 경구피임약은 약국에서 쉽게 구입할 수 있어 편리하며, 사전 피임약과 사후 피임약으로 나뉩니다. 아쉽게도 경구피임약의 임신 가능성은 정확하게 복용했다면 1% 미만이지만 정확하게 복용하지 못한 경우에는 8.7%의 임신 가능성이 있다고 보고되고 있습니다.[18] (어디까지나 한 번도 실수하지 않고 정확하게 복용 시간을 지켰을 경우입니다.)

□ 경구피임약을 정확하게 복용하는 방법[19]

1) 처음 복용할 때에는 월경 주기 첫날부터 복용을 시작합니

18   위의 연구.

19   위의 연구.

다. 월경 시작일이 불분명한 경우 월경 시작 5일 이내 복용을 시작하도록 합니다. 월경 주기 중간에 시작하는 경우에는 첫 7일간 추가 피임방법(예를 들어, 콘돔 등)을 사용하여야 합니다.

2) 21알이 들어있는 약제는 21일 복용하고, 7일간 복용을 중단하는 방법으로 복용합니다.

3) 28알이 들어있는 약제는 복용 중단 기간 없이 매일 복용합니다. 왜냐하면, 28알 안에 위약(가짜 약)이 들어 있어 마치 중단하는 것과 같은 효과를 내기 때문입니다.

4) 가급적 일정한 시간에 복용하면, 불규칙한 출혈을 예방할 수 있습니다.

* 복용을 잊었을 경우

① 1알을 잊은 경우

- 밤 9시에 복용하여야 하는데, 다음날 아침 알게 되었다면 알게 된 즉시, 1알을 복용합니다. 그리고 밤 9시에 원래대로 다시 복

용합니다. 즉, 하루에 2알을 복용하게 될 수도 있습니다.

② 2알을 잊은 경우

- 1, 2주차의 경우 2일간은 2알씩 복용합니다. 이후에는 원래 대로 복용합니다. 1주 동안 추가 피임이 필요합니다.

- 3주차의 경우 복용 중이던 약을 버리고, 새 포장으로 시작합니다. 1주 동안 추가 피임이 필요합니다.

③ 3알을 잊은 경우

- 복용 중이던 약을 버리고, 새 포장으로 시작합니다. 1주 동안 추가 피임이 필요합니다.

경구피임약 복용을 잊어버리거나 시간의 오차가 생기면 경구 피임약 복용 후 임신 가능성은 8.7%까지 높아집니다. 열심히 복용했지만 두 번만 복용을 잊어버려도 임신 가능성이 높아지는 것입니다. 성인인 제가 생각해도 정말 복잡하고 어렵습니다. 이외에도 어려운 피임약 복용 방법에 더하여 부작용은 덤입니다.

경구피임약에 함유된 에스트로겐은 혈액 속의 응고인자를 증가시켜 신체 내의 혈액이 잘 응고되고 혈전이 만들어지게 합니다. 에스트로겐 함량이 높은 피임약을 복용하면 정맥혈전증 위험성이 높아지게 됩니다. 특히 흡연을 하는 여성이 복용하는 경우 심혈관계 부작용의 위험을 증가시킵니다. 호르몬제제이기 때문에 두통, 유방 통증, 고혈압, 간 문제 등의 부작용이 있을 수 있습니다.

병원에 입원하신 환자분들이 농담처럼 하는 이야기가 있습니다. 자신들이 입원한 이유는 약을 제시간에 못 챙겨 먹기 때문이라는 것입니다. 입원하신 분들 중에는 간호사가 제시간에 꼬박꼬박 약을 챙겨드려도 약 복용을 놓치는 환자분이 종종 있습니다. 약을 제시간에 잘 챙겨 먹으려고 입원까지 하는데 피임약같이 중요한 약물을 학생이 매일 같은 시간에 빠지지 않고 복용할 수 있을까요? 생각만 해도 어렵습니다. 학생이 아닌 성인도 쉽지 않은 일이라고 생각합니다.

특히 응급 피임약, 즉 사후 피임약은 더 위험합니다. 사실 성관계시 피임을 못 했을 경우 가장 많이 선호하는 정답 같은 피임약이기도 합니다.

□ **사후 피임약 복용방법** [20]

· 사후 피임약은 일반적인 피임약에 비해 프로게스테론 호르몬 함량이 약 10배 이상 높은 고용량 호르몬을 투여해 체내 호르몬농도를 인위적으로 폭발적으로 증가시켜 착상을 방해하는 데 사용합니다.

· 프로게스테론은 자궁내막을 두껍게 유지하는 데 도움을 주어 착상이 어려워지는 원리를 기반으로 한 약물입니다. 국내에서는 사후 피임약이 전문의약품으로 분류되어 있기 때문에 응급 피임을 원하는 경우 직접 의료기관을 방문하여 전문의 상담 후 처방을 받고 복용하도록 되어있습니다. 또한 오심, 구토, 자궁출혈, 생리주기 변화, 배란 장애 등 다양한 부작용이 나타날 수 있어 신

---

20 "부작용 많은데 가격도 비싼'응급피임약'왜 그런 걸까", 헬스조선, 2024년 8월 2일.

중하게 사용해야 합니다.

· 사후 피임약 복용도 수정란의 착상을 예방하기 위해 정확한 복용 시간이 중요합니다. 관계 후 72시간 이내에 복용해야 하며, 24시간 이내에 복용할 경우 95%의 피임 확률이지만 48시간 이후에는 85% 그 이후 72시간 이내에는 58% 수준으로 떨어집니다. (사후 피임약을 복용했더라도 24시간 이내에 복용했다면 100명 중 5명이 임신 가능성이 있고, 48시간 이후에 복용했다면 100명 중 15명이 임신 가능성이 있으며, 그 이후 72시간 이내에 복용했다면 100명 중 42명이 임신할 가능성이 있습니다.)

· 만약 피임약의 부작용으로 구토를 했다면 처방받은 병원에 연락하고 재복용해야 하며, 피임효과가 감소되어 100% 피임의 보장이 어렵습니다.

· 사후피임약을 반복적으로 사용할 경우 호르몬에 내성이 생겨 피임효과가 줄어들 수 있으며, 한 번 복용하는 것만으로도 여성 건강에 큰 부담을 줄 수 있기 때문에 위급할 때 최후의 수단으

로만 사용해야 합니다.

6. 피임하면 임신 안된다면서요(2)

□ 낙태 브이로그 총 수술비용 900만원, 지옥 같던 120시간

2024년 20대 여성 A씨가 임신 36주차에 낙태 수술받은 브이로그를 올려 논란이 된 적이 있었습니다. 이 여성은 임신 초기에 생리가 길게 멈춰 산부인과를 방문했을 때 다낭성 난소 증후군에 호르몬 불균형으로 인한 것이라고 해서 별로 의심하지 않았고 그냥 살이 많이 쪄서 배가 나온 것이라 생각했다고 합니다. 그러다가 뭔가 이상해서 내과 진료 중 내시경 검사를 통해 36주에 임신 사실을 알게 되었다고 했습니다.[21]

---

21 "제발 주작이기를 36주 만삭 임신중절수술 브이로그 영상올린 20대 여성 논란", 인사이트, 2024년 7월 12일.

□ 영아 살해

2021년 1월 한파가 한창이던 때에 20대 여성이 집에서 출산한 뒤 아기를 창밖으로 던졌습니다. 이 여성은 영아살해 혐의로 긴급 체포되었으나 함께 살던 가족들은 임신 상태를 몰랐다고 진술했습니다.[22]

□ 영아유기

'당근마켓'에 자신이 낳은 신생아를 20만원에 판매한다는 글을 올려 논란이 된 산모는 출산 당일에야 임신 사실을 인지했다고 주장했습니다.

전문가들은 위 사례의 원인을 출산 및 양육의 두려움과 경제적 어려움 등으로 꼽았습니다. 저는 위와 같은 상황의 원인이 산모가 임신 자체를 부정하고 거부하는 일종의 심리적·정신적 증상인 임신거부증(Denial of pregnancy)일 가능성이 있다고 생각합니다. 김준형 고려대 구로병원 정신건강의학과 교수는 "성교육

---

[22] "임신 사실 몰랐다? 이름도 생소한 임신거부증", 쿠키뉴스, 2021년 1월 20일.

이 부족하고 나이가 어릴 경우 임신에 대한 이해가 낮아 적절하게 대처를 못하는 상황이 있을 수 있다"라고 말했습니다.

임신거부증을 겪는 산모는 임신했음에도 임신 사실을 모르는 것은 물론, 입덧이나 배가 부풀어 오르는 등의 임신 후 일반적으로 나타나는 신체 변화가 생기지 않을 수 있습니다. 특히 월경주기가 불규칙하거나 다낭성 난소 증후군 등 부인과 질병을 가지고 있는 경우 생리가 불규칙하기 때문에 임신을 확인하는 것이 더 어려울 수 있습니다. 그리고 산모가 임신을 받아들이지 않으면 태아도 태동 없이 숨어서 자라게 되기 때문에 산모는 태동을 느끼지 못할 수 있으며 막달까지 월경이 지속되고, 배가 별로 나오지 않을 수 있습니다.

영국 데일리메일의 기사에 따르면 '임신거부증'으로 인해 영국의 임산부 450명 중 1명이 임신 20주까지 임신 사실을 모르고, 2500명 중 1명은 분만시까지 그 사실을 알지 못한다고 보도했습니다.

또한 제가 만난 20대 초반 임산부도 남자친구와 관계를 가질 때 분명히 피임을 했기 때문에 생리를 하지 않는 원인이 월경주기가 불규칙해서라고 생각하고 임신 7개월 때까지 임신일 것이라는 생각을 하지 못했다고 했습니다.

인체의 신비로움 덕분에 100%의 피임은 없습니다. 그렇다면 아이들에게 너희들은 아직 미성년자이니 성관계를 하면 안 된다고 강요하며, 아이들을 매의 눈으로 감시하는 것이 맞을까요? 아무리 그렇게 해도 아이들은 부모의 눈을 피해, 어른의 눈을 피해 관계를 갖습니다. 그렇다면 "혹시나 성관계를 갖게 되더라도 피임은 꼭 해라"라고 알려주는 것이 맞을까요?

오래된 조사자료이기는 하지만 2019년 '청소년 성(性) 문조사'에 따르면 1,348명의 청소년을 대상으로 한 설문조사에서 전체 응답자의 절반 이상인 54.7%가 성관계 경험이 있다고 답했으며 성관계 경험이 있는 응답자 중 74.5%가 처음 관계를 갖게 되었을 때 이유를 '서로 원해서'라고 답했습니다.[23]

---

23 "2019년 청소년 (性)문 조사", 소셜벤처 EVE, 2019년 12월 30일.

십 대 아이들도 서로 원해서 성관계를 갖습니다. 저는 교육자이자 의료인으로서 아이들에게 1%라도 임신 가능성이 있는 피임 교육만을 정답인 것처럼 알려주는 일에 양심에 가책을 느낍니다. 그렇지만 피임방법을 정확하게 실천하면 임신 및 성병을 예방할 수 있으니 정확한 피임법 숙지는 중요합니다.

어떻게 우리 아이들에게 성교육을 해야 할까요? 잠시 미국의 성교육 수업 과제인 '아기인형 키우기'를 소개하고자 합니다.[24] 아마도 많은 분 들이 한 번쯤은 뉴스에서 접하셨을 것입니다. 미국의 성교육용 인형 키우기는 모든 12학년(고3)의 필수 성교육 과제입니다. 인형은 신생아와 같은 모습이며, 남녀학생 구분 없이 모두가 1주일 동안 직접 키웁니다.

아기인형은 제시간에 우유를 먹여야 하고, 등에 있는 센서로 1시간에도 몇 번씩 울도록 프로그래밍 되어 있습니다. 학생들은 울 때마다 그 원인을 찾아 울음을 멈추게 해야 하는데 놀아주기(ATTENTION), 분유 먹이기(FEED), 트림시켜 주기(BURP), 기

---

24 "체험하는 성교육, 육아 시뮬레이션", EBS뉴스, 2016년 5월 4일.

저귀 갈아주기(DIAPER CHANGE) 등의 역할을 해야 하고, 그것을 해줘야 아기 인형은 울음을 멈춥니다. 마치 실제 아기를 키우는 것처럼 정성을 들여 키우고 육아일기도 써야 합니다. 만약 울음을 멈추게 하지 못하면 낙제점을 받게 되며, 아기를 키우는 게 힘들다고 중간에 배터리를 뺄 수도, 기록 조작도 할 수 없게 만들어져 있습니다.

UN계발계획에 따르면 미국은 2010년부터 2015년까지 10대 출산율이 1000명 중 31명으로 타 선진국에 비해 월등히 높은 출산율을 가지고 있었습니다. 이 비율을 낮추기 위해 육아를 직접 체험해 보면서 올바른 피임 실천과 피임 실패 후 아기 양육의 고통을 직접 체험하게 하는 성교육을 실시하게 된 겁니다.

아기 인형 키우기를 경험한 학생들은 결혼 전 까지 섹스를 전혀 하지 않겠다고 다짐한 학생도 있고 결혼 전 피임이 얼마나 중요한지 알게 되었다며 인터뷰하는 학생도 있습니다.

우리도 우리의 자녀들에게 준비되지 못한 임신을 했을 경우 신생아 양육의 고통과 학업의 중단, 인공임신중절 등을 선택해야 하는 것을 정확하게 알려줘야 할 필요가 있습니다.

한 학부모가 아래와 같은 말을 했습니다. "아이들에게 피임법을 알려주면 자유롭게 성관계를 해도 된다고 간접적으로 알려주는 것 아닌가요? 저는 아이들에게 피임법을 알려주는 것은 반대예요."

그렇게 생각하실 수 있습니다. 이 때문에 부모님의 가치관과 생각에 따라 자녀에게 맞춤형으로 성교육을 해 주셔야 합니다. 공교육에서는 모든 학부모님들의 요구를 맞추는 게 불가능하기 때문에 부모님의 가치관에 따라 아이에게 건강한 성 가치관을 전수해 주어야 한다고 생각합니다.

2017년 국회 토론회에서 발표한 대한산부인과학회의 보고에 따르면 우리나라가 OECD 국가 중 낙태율 1위를 차지하고 있습니다.[25] 낙태 횟수는 연간 110만여 건에 달하며, 하루평균으로 계산 시 약 3,000건입니다. 이는 신생아수의 3배를 웃도는 수

---

25 "매일 3천명씩 낙태 수술 받는 한국, OECD서 낙태율 1위 수준", 인사이트, 2024년 11월 29일.

준입니다. 이동윤 삼성서울병원 산부인과 교수 연구팀이 발표한 2013~2015년 '청소년건강행태 온라인조사'에서 성 경험이 있는 여학생 중 0.2%를 임신을 했고, 임신 경험 중 73.6%는 인공임신중절수술을 했다고 보고했습니다.[26]

2019년 4월 헌법재판소는 형법 269조 1항의 자기 낙태죄, 형법 270조 1항 중 의사의 업무상 촉탁 낙태죄에 대하여 임신한 여성의 자기 결정권을 과도하게 제한하여 헌법에 위배된다는 이유로 헌법불합치 결정을 내린 후 2020년 12월 31일까지 대체 입법을 마련하고자 하였으나 해당 시점까지 입법개정이 이루어지지 않았습니다.

그리고 2024년 현재까지 추가적인 법 개정이 없는 상태로 현재 우리나라는 임신중절수술 자체는 합법으로 보나, 낙태 가능 시기에 대한 통일된 기준이 없는 상태입니다. 이러한 상황에서 실제 임신을 경험하고 인공임신중절을 선택하는 청소년의 수는 앞선 2017년의 통계치보다 훨씬 많을 것으로 예상됩니다.

---

26 "청소년 20명 중 1명 성경험, 피임은 절반 뿐", 국제신문, 2017년 3월 23일.

인공임신중절수술은 여성의 몸과 정신에 많은 후유증을 남깁니다. 수술로 인한 감염과 과도한 출혈, 자궁파열 또는 천공, 자궁경관 손상, 습관성 자연유산, 마취사고, 쇼크 및 감염으로 인한 불임 등이 대표적이나 이는 낙태의 신체적 합병증의 극히 일부분입니다. 심리적인 후유증도 남겨 죄의식, 수면장애, 신경쇠약, 우울증, 자살, 약물중독 등을 겪을 수 있습니다.

십 대 청소년의 준비되지 못한 임신은 선택사항이 많지 않기에 예방이 가장 중요합니다. 아이들에게 자신의 미래를 위해 성관계를 거절할 수 있는 용기를 주는 것, 야동 속의 성관계는 만들어진 것이며 그것을 그대로 따라 하면 아기를 가질 수 있다는 것, 사귀는 사이에 이성 친구와 성관계를 갖고 싶은 마음을 이해하지만 서로를 위해 멈추는 것이 필요하다는 것을 알려줄 수 있는 사람은 오직 부모님 밖에는 없습니다.

7. 내 아들의 콘돔, 십 대의 찐한 연애

찬성 씨의 친한 지인은 올해 고2 아들의 엄마입니다.

최근 찬성 씨에게 고민을 이야기했습니다.

"글쎄. 세탁기 돌리려고 아들 바지 주머니를 확인했는데 콘돔이 나왔지 뭐야.

올해 초에 아들한테 이쁜 여자친구가 생긴 건 알고 있었는데 그냥 이쁘게 순수하

게 사귀는지 알았지. 그런데 콘돔이라니! 눈앞이 깜깜해지더라니깐. 이쁜 아이

임신이라도 시킬까 봐 너무 걱정되고, 아들 둔 게 죄인 같아."

찬성 씨는 이 이야기를 듣고 고등학교 2학년 정도면 외모는 성인과 비슷하고

생각도 많이 성숙해져서 어른이나 마찬가지라고 생각했지만 막상 안면이 있는

10대 아이가 콘돔을 사용한다니 놀랍기도 하고 염려됩니다.

청소년은 성인과 비슷한 몸과 임신 가능성을 가지고 있지만 아직 자녀를 양육하기에는 경제적으로, 사회적으로, 정신적으로 미성숙합니다. 그럼에도 불구하고 생명을 책임지고 싶은 마음에 자녀를 출산한다면 부정적인 사회의 시선을 이겨내야 하며 경제적 어려움에 직면하게 됩니다.

한국미혼모지원네트워크의 2019년 청소년부모 315명의 생활 실태를 조사한 연구보고서에 따르면, 청소년부모의 47%가 10대에 출산하였고, 31.9%가 고등학교 중퇴이하의 학력입니다.[27] 학업중단의 이유 중 하나는 임신한 사실을 알고 학교를 다니기 어려웠기 때문이라고 응답한 응답자가 33%로, 임신이 학업중단의 중요한 원인임을 알 수 있습니다. 또한 청소년 부모가 가족에게 임신 사실을 알렸을 때 22.9% 낙태, 15.2%는 입양 권유, 알아서 해결하라는 방관의 경우가 16.2%나 되었습니다.

청소년부모는 임신과 출산으로 인해 학업을 포기해야 하고, 또래 친구들이 즐겁게 자신의 삶을 영위할 때 아기를 양육해야 합

---

27 "2019 청소년부모 생활실태 조사 및 개성방안 연구", 아름다운재단, 2022년, 22, 48-50.

니다. 그리고 원가정의 무관심 속에서 자신의 꿈을 이루기 위해 또래 친구들보다 더 치열한 노력을 해야 합니다.

저는 위와 같은 상황을 예방하기 위해 청소년이 연애할 때는 성인과는 다른 기준을 가져야 하며, 자신의 미래가 달린 연애를 가볍게 여기지 않는 교육이 필요하다고 생각합니다.

그러나 요즘 십 대들의 연애는 성인의 연애와 크게 다른 점을 찾기가 어렵습니다. 아무도 십 대가 어떻게 연애해야 하는지 알려주지 않았기 때문에 연애하는 것을 주로 SNS, TV 드라마 등으로 배웁니다.

이 때문에 지켜야 할 선이 있다는 것, 예의를 지키며 상대방을 존중하고 배려하는 것, 성적 자기 결정권도 잘 모르는 상태에서 좋아하는 이성에게 관심을 두고, 호감을 표시하고, 자신들이 보고 배운 드라마나 SNS에서 본 것처럼 연애하려고 합니다. 마치 성인들이 하는 연애처럼 말이죠.

그러나 십 대들의 연애는 성인들의 연애보다 훨씬 더 위험합니다. 그 이유는 십 대의 뇌가 성인보다 미성숙하기 때문입니다.

에이미 엘리스넛의 『10대의 뇌』라는 책을 보면, 10대의 뇌는 80% 정도밖에 성숙되지 않은 상태이기 때문에 감정 기복이 심하고, 화를 잘 내고, 충동적이고, 담배나 알코올의 유혹에 쉽게 빠지며, 위험한 행동에 참여하는 등의 모습을 보인다고 설명합니다.[28] 뇌의 배선이 한창 진행 중인 청소년은 자신이 위험에 처한 상황에서도 뭘 해야 할지 모를 수가 있다는 의미입니다.

예를 들면 자신이 사귀고 있는 이성 친구와 첫 성관계를 앞두고 이 성관계가 자신들의 미래에 부정적이며 위험을 초래할 수 있는 임신이라는 결과를 가지고 올 수 있다는 것을 알지만 '설마' 하는 마음으로 하고 싶은 대로, 상황이 되어가는 대로 내버려둡니다.

분명히 'NO'라고 말하고 멈출 수도 있는데 그렇게 하지 않습니다. 상대방의 감정을 상하게 하지 않고 거절하는 방법을 배운

---

28 김성훈, 『10대의 뇌』, 웅진지식하우스, 2019, 61, 88, 93, 142-145, 150.

적이 없기 때문입니다.

또한 십 대는 스스로 자신이 성인과 같다고 생각하고 행동합니다. 그래서 십 대가 할 수 없는 일이 무엇인지, 그들의 생각과 행동의 한계가 무엇인지 이해하고 알려주는 게 매우 중요합니다.

위에 언급된 고2 학생도 아마도 외적인 모습은 성인과 다름없을 것입니다. 그러나 외모는 성인과 같을지언정 뇌는 아직 미성숙하지만 십 대는 자신의 미성숙함을 믿지 않습니다. 피임을 하고 있고, 100% 임신을 예방할 수 있다는 믿음을 가지고 있을 것입니다. 이는 자신의 미성숙함에 대한 이해와 통찰력이 부족하기 때문입니다.

십 대 뇌의 미성숙함에서 비롯된 부족한 통찰력은 자신의 행동이 초래할 여러 가지 문제들에 대해 충분히 생각하지 못하고, 자신이 직면한 문제들을 해결하지 못하게 합니다.

제가 만난 고딩엄빠는 사귄 지 한 달 된 남자 친구와 우연히 함께 야동을 보게 되었습니다. 야동을 보기 전에는 성관계를 하고 싶은 마음이 전혀 없었지만, 보고 난 후 둘 다 야동처럼 따라 해 보고 싶은 마음이 강하게 들었다고 했습니다. 급하게 편의점에서 콘돔을 사서 아무도 없는 남자친구 집에서 야동을 그대로 따라 했습니다. 그 뒤로 헤어졌는데 한 달 후 임신을 알게 되었다고 말했습니다.

십 대의 뇌는 부정적인 정보를 처리하는 영역이 늦게 발달 되어 성인보다 부정적인 정보를 처리하는 능력이 떨어집니다. 그 이유로 위험한 일에 뛰어드는 성향이 크고, 자신이 행동한 실수나 사고로 얻는 교훈을 얻는 능력 또한 떨어집니다.

그래서 같은 실수를 반복하는 경향이 있습니다. 고딩엄빠의 다수 출연자들이 자녀 양육과 경제적인 어려움 속에서도 계속 임신과 출산을 하는 경우를 예로 들 수 있습니다.

또한 각성과 보상을 조절하는 신경 시스템이 예민하게 작용해야 하는데 그렇지 못합니다. 그래서 십 대 청소년들이 성관계를 하기 전 자신들이 직면하고 위험한 상황에 대해 충분히 고민하기보다는 충동적으로 행동합니다. 청소년들은 잠재적으로 위험한 상황에 대해 좀 더 세심한 인지적인 노력이 성인보다 더 필요합니다.

성관계 후 아이들은 사회적으로 금지된 행동을 했다는 은근한 자신감과 행동에 따른 도파민의 분비로 그 행동이 강화되어 한 번으로 끝나지 않고 부모의 눈을 피해 지속적으로 성관계를 가질 가능성이 높습니다. 사춘기 아이들이 성인보다 더 자극적이고 새로운 것을 추구하는 이유이기도 합니다.

금지되어 있는 것을 부모님 몰래 해냈다는 뿌듯함도 느끼고, 성관계 후 마치 어른이 된 듯한 착각 속에서 부모님 모르게 아슬아슬한 줄타기를 하는 것처럼 느낍니다.

이제 곧 연애를 시작하거나 연애를 시작한 자녀에게 건강하고 행복한 십 대의 연애가 무엇인지에 대해 대화할 수 있으면 좋겠습니다.

건강한 가치관과 높은 자존감을 가진 아이들은 연애도 잘합니다. 자신과 이성 친구 모두 소중한 존재라는 것을 알고 서로 존중해 주면서 예의 바르게 사귈 수 있도록 이끌어주시길 바랍니다.

그런데 아이들에게 연애와 관련된 이야기를 하시기 전 부모님께서 반드시 기억하셔야 할 내용이 있습니다.

첫째, 부모님은 언제나 너의 편이며 사귀는 중간 생기는 어려움이나 고민 들을 함께 풀어나갈 존재라는 것입니다.

둘째, 아이들의 연애를 부정적으로 생각하고, 아이들에게 청소년기에 절대 연애는 안 된다고 말씀하시거나 부정적인 비언어적인 표현을 하면 아이들은 부모를 속이고 부모의 눈을 피해 성인처럼 연애하고 성관계를 가질 수 있습니다.

셋째, 아이들의 연애에서 가장 중요한 것은 '대화'라는 점을 기억하고 자녀와 대화하면서 아이들의 연애는 성인과는 다르다는 것을 깨달을 수 있도록 도와주고, 스스로 자신들의 연애에 한계를 설정할 수 있도록 안내해 주는 일입니다.

8. 십 대의 연애를 위한 다섯 손가락 약속

성숙한 여성들은 남성들과 좋은 관계를 잘 맺어온 사람들입니다. 특히 남자 형제나 아버지와 좋은 관계를 유지하고 있습니다.

성숙한 여성들은 남녀 관계에 있어 썸을 타려 할 때 애매한 말로 치근덕거리는 남성들에게는 '거절'의 의사를 명확히 하는 것이 답이란 것을 알고 있습니다. 하지만 미성숙한 여성들은 이런 말을 쉽게 하지 못합니다. 대처할 방법을 몰라 성숙한 남성을 놓치거나 미성숙한 남성을 만납니다.

그리고 미성숙한 남성은 어리숙해서 센스 같은 걸 바랄 수 없고 그걸 알아버린 미성숙한 여성이 "싫어"라고 말하고 싶을 때는

이미 침대 위에 올라가 누워있을 때입니다.[29]

청소년의 신체는 성인과 비슷하지만 뇌의 미성숙으로 충동을 조절하는 능력과 통찰력이 부족하기 때문에 연애할 때 한계를 분명하게 설정하고 지킬 수 있도록 도와주는 것이 필요합니다. 이를 위해 저는 '다섯 손가락 약속'을 제안합니다.

□ 십 대의 연애를 위한 다섯 손가락 약속

1) 엄지 손가락 약속 : 이성 친구보다 나를 더 사랑하기

엄지 손가락 약속은 십 대 연애에서 가장 중요한 약속인 '자기 자신을 사랑하는 것'입니다. 이기적으로 '나만 중요해'라는 마음이 아닌 '내가 중요한 만큼 너도 중요해'라는 마음이며, 연애를 할 때 상대방에게 너무 많은 희생을 강요하거나, 희생하지 않도록 하는 것입니다.

이를 위해 좋아한다는 이유로 상대방을 조정하려 한다거나 좋아하는 감정을 이용해서 자신을 조정하려고 하는 것은 잘못된

---

29 "성숙한 여성들이 연애를 잘하는 이유", 조던 피터슨, (2024년12월12일 검색).

것이라고 정확하게 알려주는 것이 필요합니다.

만약 사귀는 누군가가 나의 좋아하는 마음을 통해 무엇인가 얻으려 한다면 그 친구는 너를 좋아하는 것이 아니고 이용하는 것이라는 것을 알 수 있게 알려주셔야 합니다. 이것은 스킨십이 될 수 있고, 속옷 사진, 몸 사진, 선물, 다른 친구들과 연락하지 않고 자신만 봐주는 등의 다양한 것이 될 수 있습니다.

이 부분을 자녀와 충분히 대화해 보세요.

특히 상대방이 원하는 것을 들어주지 않았을 때 헤어지자고 한다거나, 지나치게 실망하는 모습을 보여 자신을 불편하고 속상하게 한다면 결코 건강한 연애가 아니며 그런 친구와는 연애를 지속하지 않는 것이 너를 지키는 일이라는 것을 알려주셔야 합니다.

2) 검지 손가락 약속 : 거절해도 괜찮아

아이들이 연애를 하면서 느끼게 되는 다양한 감정에는 솔직하게 말로 표현하도록 합니다.

만약 약속했던 스킨십의 범위를 넘어서는 스킨십이 있다면 자신이 지금 느끼는 부정적인 감정을 표현하고 '거절의사를 명확하게' 표현하는 연습이 필요합니다.

"우리가 약속했던 스킨십은 키스까지였어. 그런데 네가 가슴을 만지니깐 너무 당황스럽고 혼란스러워. 가슴은 만지지 말아줘." 라고 말할 수 있어야 하고 이성 친구가 함께 한 약속을 어긴 것과 그로 인한 부정적 감정 및 거절 의사를 정확하게 말로 표현할 수 있도록 지도합니다.

학교에서 관련 수업을 하다 보면 어떤 친구들은 거절 의사 및 부정적인 감정을 정확하게 표현하지만 어떤 친구들은 타고난 기질상 수줍음이 많아 자신의 감정을 표현하기 어려워 아무 말도 하지 않음으로써 거절을 표현했다고 하는 경우가 있습니다.

또한 원하지 않는 스킨십을 어떻게 거절해야 하는지 잘 모르는 아이들도 있습니다. 그러나 확실하고 정확하게 자신이 지금 느끼는 혼란스러움과 불편한 감정을 말로 표현하지 않으면 상대방은 계속해서 원하지 않는 행동을 지속할 수 있습니다.

3) 중지 손가락 약속 : 대화로 사랑하기

많은 부부 고민 상담 프로그램을 보면 부부간의 가장 큰 문제를 대화의 단절이라 꼽고 있습니다. 왜 어른들은 사랑해서 결혼했는데 부부간에 어려움을 겪는 것일까요? 서로가 변해서일까요? 상황과 조건들이 달라져서일까요?

저는 그 이유를 연애할 때 대화로 사랑하는 방법을 못 배워서라고 생각합니다. 십 대 아이들이 연애를 통해 얻어야 하는 것도 진솔한 대화를 통해 자신의 감정과 상대방의 감정을 이해하고, 서로의 호불호를 알아가며, 건강한 가치관을 함께 만들어가는 것입니다. 이러한 경험들이 자녀가 성인이 될 때 만나게 되는 다양한 인간관계의 기초가 되며, 사회의 적응에 큰 영향을 미치게 됩니다.

그렇지만 지금의 십 대의 연애는 성인들의 연애와 다를 것이 없습니다. 스킨십, 각종 기념일 챙기기, 선물 등 아이들의 연애에는 큰 도움이 되지 않는 성인들의 연애가 가득합니다.

아이들은 대화를 통해 충분히 서로에 대해 알아가고, 생각하고, 생각을 존중하고 자신의 불편한 감정을 솔직하게 이야기하면서 함께 성숙해져 가야 합니다. 이렇게 대화로 사랑을 배운 친구들은 사귀는 이성 친구와 대화가 통하지 않으면 다른 대화가 되는 이성 친구를 찾기도 하고, 성인이 된 후 연인과 어려움이 생긴다면 대화로 해결하고자 합니다.

그래서 가정에서의 대화가 중요합니다. 부모님은 아이들과 대화 시간을 매일 30분 이상 갖고 아이들의 생각을 들어주고 지지해 주셔야 합니다. 아이들이 자유롭게 자신의 생각을 말하고 그에 대한 부모의 생각을 듣는 연습을 하면서 자연스럽게 이성 친구와도 대화로 사랑하는 방법을 배울 수 있기 때문입니다.

4) 약지 손가락 약속 : 돈과 스킨십 없는 연애

청소년의 연애에서 사라져야 하는 중요한 것은 '돈'과 '스킨십'입니다. 수업 중 아이들에게 십 대 연애의 단점에 대해 질문했을 때 가장 많이 나온 대답이 "돈이 많이 들어요", "선물 사주는 게 부담이에요" 등의 물질과 관련된 대답이 많았습니다.

청소년은 용돈이 부족하여 선물을 주고받는 것이 부담스럽고 옳지 않다고 생각하지만 사랑을 표현하는 방법을 잘 모르기 때문에 어른들의 돈으로 하는 연애를 따라 합니다. 이를 위해 아르바이트를 하기도 하며 돈이 부족하다고 부모님께 불만을 표시하기도 합니다.

그러나 아이들에게 필요한 연애는 선물과 기념일 챙기기가 아닌 진실한 마음입니다. 아이들에게 돈으로 하는 선물이 아닌 마음으로 하는 선물을 알려주세요. 예를 들면, 마음이 가득한 손편지나 교환일기 쓰기 등의 아날로그적인 감성이 도움이 될 수 있다고 알려 주셔도 좋습니다.

스킨십은 부모님들께서 가장 예민하게 생각하는 부분 중 하나입니다. 아이들은 이미 다 알고 있고, 아이들이 다 알고 있다는 것을 부모님만 모릅니다. 아이들은 아직 행동으로 옮기지 않았을 뿐 이미 다 알고 있기 때문에 연애를 한다면 아는 것을 드디어 행동으로 옮기게 될 가능성이 아주 높아집니다.

이를 예방하기 위해 스킨십의 한계를 명확하게 정하는 것이 중요합니다. 이미 경험해 보셨겠지만 스킨십은 브레이크 없는 폭주 자동차와 같아서 한번 시작하면 멈추거나 되돌리기가 몹시 어렵습니다. 그래서 십 대 아이들에게 스킨십의 한계를 함께 정하고 지키도록 격려하는 것이 중요합니다. 그리고 십 대 아이들이 성관계를 할 때는 자신이 부모로서 준비가 되었을 때까지 미루는 것이 더 유익한 것임을 충분히 대화로 알려줄 수 있어야 합니다.

청소년기에는 절대 성관계를 가지면 안 된다는 것을 알려주세요. 특히 사귀는 이성 친구와 함께 음란물을 보거나, 음란물 속의 내용을 그대로 따라 하는 것은 임신가능성이 있고, 고딩엄빠가 되거나 인공임신중절을 선택해야 할 상황이 올 수 있다고 솔직하게 말해주세요.

5) 새끼 손가락 약속 : 세부적인 약속 정하기

마지막 다섯 번째 손가락은 연애에 대한 서로의 생각을 정리하고 부모님과 자녀가 미리 약속을 정하는 일입니다. 연애를 시작하기 전에 미리 정할 수 있다면 가장 좋겠지만 연애를 시작한 다음에라도 약속을 정한다면 아이를 위한 최소한의 울타리를 만들어 주는 것이라 할 수 있습니다.

☐ 사귀는 동안 고민이 생겼다면 반드시 부모님께 말하기

☐ 정해진 시간 이후에는 SNS, 문자, 전화하지 않기

☐ 통금시간 정하기

☐ 예의 있게 행동하기

사귀는 기간에 서로를 존중하고 배려하기 위해 지켜야 할 약속을 함께 정하고 지키면서 건강한 연애를 할 수 있도록 부모님께서

바른 길잡이가 되어주시기를 바랍니다.

제가 제안한 다섯 가지 연애 약속을 참고하되, 자녀에게 이성 친구는 서로에게 도움이 되어 주는 친구란 것을 알려주시기를 바랍니다. 특히 서로의 꿈을 응원하고 서로가 그 꿈을 이룰 수 있도록 함께 노력하는 친구입니다. 아이 혼자 꿈을 갖고 그 꿈을 향해 나아가기란 쉽지 않습니다. 부모님이 응원하고 지원해 준다 해도 험난한 길입니다. 그 어려운 길을 자신이 좋아하는 이성 친구가 응원해 주고 작은 성취도 칭찬해 주면서 함께 꿈을 향해 걸어간다면 아이들은 자신감을 가지고 목표를 향해 한 발자국 더 다가갈 것입니다.

9. 거절하는 용기, 거절을 받아들이는 사랑

찬성 씨는 최근 중학교 1학년인 딸과의 충격적인 대화로 잠을 이룰 수 없습니다. 딸은 얼마 전부터 연애를 시작했는데 사귀게 된 남자친구는 중학교 2학년 오빠로 같은 아파트에 살고 있어 오며 가며 몇 번 얼굴을 본 적이 있었습니다. 인사도 잘하고 밝은 성격이라 딸과 사귄다는 이야기를 들었을 때 귀엽다고 생각도 했었는데 불안의 화근이 된 일은 우연히 딸의 카톡 내용을 보게 되면서부터입니다. 딸이 남자친구와 카톡에서 음란한 대화를 나누고 있었습니다.

심지어는 짧게 편집된 야동을 카톡에 공유하고 이와 관련된 대화를 하며 "한번 따라 해 볼까?" 등의 대화를 나누고 있었습니다. 찬성 씨는 너무나도 충격적이어서 카톡 내용을 확인한 후 딸에게 그 아이와 헤어지라고 강하게 말하고,

다시는 어울리지 못하게 단단히 일러두었습니다. 또한 휴대전화도 통화만 되도록 설정을 바꿔놓았습니다.

그런데 얼마 후 딸이 자꾸 찬성 씨의 눈치를 보는 것 같아 "왜? 무슨 일 있어? 핸드폰 풀어달라고?"라고 물었는데 딸이 갑자기 울면서 잘못했다고 말하는 것이 아니겠습니까?

"왜? 뭐를 잘못했는데?"라고 묻자 눈물이 가득 찬 눈으로 딸이 대답했습니다.

"엄마, 나 그 오빠랑 잤어."라고 하는 겁니다.

"처음에 오빠가 내 몸을 만지려고 해서 싫다고 말했는데 계속 만졌어. 그리고 하게 됐어."라고요.

딸은 그 오빠가 강제로 한 것이 아니고 스킨십을 하다 보니 서로 좋아서 했다고 말했습니다. 너무나도 충격적이고 남편에게는 또 뭐라고 말해야 할지 눈앞이 캄캄합니다. 정말 어찌해야 할지 모르겠습니다.

사랑스럽고 순진하기만 한 아이가 이성 친구를 사귀고 성관계를 갖는다는 것은 참 받아들이기 어렵습니다. 그래서 이성 친구를 사귀기 전에 미리 아이에게 이성 친구를 사귀게 되었을 때 일어날 수 있는 많은 일들에 대해 충분히 이야기하는 시간이 필요합니다.

성숙한 어른에게 제대로 된 연애 교육을 받지 못한 아이들은 TV 속 드라마, 또는 SNS 등에서 보게 되는 성인들의 연애를 그대로 답습하게 됩니다.

또한 아이들이 음란물에 노출되는 연령이 낮아지고 있기 때문에, 이성 친구끼리 음란물을 함께 보고 음란물에서 본 것처럼 따라 하면서 성관계를 갖게 되는 경우가 많습니다. 성관계를 이성 친구와 함께 하는 놀이 중의 하나라고 생각할 가능성이 큽니다.

그런다면 부모님들은 어떻게 자녀에게 이성 교제 관련 이야기를 해야 할까요?

제 생각에는 이성에게 호감을 갖고 성인의 연애를 동경하기 시작하는 초등학교 4학년, 5학년 사이가 이성 교제 이야기를 하기 좋은 시기 같습니다. 물론 그 이전도 괜찮다고 생각하나 아이들이 받아들이기 어려운 부분도 존재하여 어느 정도 사고력과 판단력이 갖춰진 청소년기가 시작될 때 이야기를 하는 것을 추천합니다.

저는 학교에서 초등학교 5학년 학생들에게 이성 교제 교육을 하고 있습니다. 초등학교 5학년 정도면 이미 이성 친구를 사귀고 있거나 사귀었거나 사귀고 싶은 마음을 가진 친구들이 많기에 이성 교제 수업을 할 때면 모든 아이들이 초집중한 상태로 수업을 듣습니다.

저의 보건수업의 궁극적인 목표는 '건강한 성 가치관을 갖고, 매력적인 성인이 되어 자신의 삶을 건강하게 살아가는 것'입니다. 이를 위해 이성 교제 수업을 할 때도 '건강한 성 가치관'을 바탕으로 수업을 구성합니다.

아래의 내용은 저의 수업내용을 바탕으로 자녀와 이야기해 보실 수 있도록 구성한 내용입니다. (실제 수업에서는 학부모님의 민원이 염려되어 아래 내용을 다 가르치지는 못하지만 부모님의 가치관에 따라 가정에서 아이들에게 더 깊이 있게 알려주시면 좋을듯합니다.)

먼저 세상에서 가장 소중한 사람은 바로 자기 자신임을 알려줍니다. 그 누구도 '나'라는 존재보다 소중하지는 않습니다. "너와 나 우리 모두 보석과 같이 찬란하게 빛나는 빛이야"라고 자녀에게 이야기해 주면서 자녀를 얼마나 사랑하는지 말로 표현해 주세요.

생리와 몽정을 경험한 아이들은 자신의 몸은 아기를 만들 준비가 되었다는 것을 알고 있으나 임신과 출산을 하고 자녀를 양육하기에는 아직 이르다는 것을 이미 학교에서 배웠습니다. 이 부분을 연계하여 알려줍니다.

생리나 몽정을 시작했다는 것은 아기를 만들 수 있기에 자신의 몸에 대한 책임감을 가져야 하며, 서로 호감을 통해 사귀는 사이더라도 함부로 서로의 몸을 만지거나, 보여달라고 조르면 안되는 것이라는 것을 알려줍니다. 사귀는 사이에도 예절이 필요하며, 자신이 소중하듯 사귀고 있는 친구도 소중하다는 것이 핵심입니다.

그리고 이를 위해 '거절하는 용기와 받아들이는 용기'가 밑바탕이 되어야 함을 충분히 말씀해주셔야 합니다. 서로의 미래를 위해 좋아하는 사람에게 거절을 할 수 있는 용기가 필요하고, 자신이 원하는 행동을 거절당했을 때에는 이를 받아들이는 용기가 필요함을 알려주세요.

사귄다는 이유로, 혹시나 헤어질까 봐 어쩔 수 없이 스킨십에 동의하는 것은 결코 바람직한 이성 교제 아니라는 것을 명확하게 알려주셔야 합니다.

#1. 남자 청소년에게

남자아이들은 이차성징이 시작되어 키도, 성기도 자라며, 수염과 음모가 자라기 시작합니다. 성에 대한 호기심도 왕성해집니다.

여자친구가 옆에 있기만 해도 발기가 될 수 있습니다. 그런데 발기를 반드시 해소할 필요는 없고, 청소년기의 이성 교제는 성인과 같은 스킨십과 성관계를 제외하고 서로의 몸을 지켜주고, 건강한 성인으로 함께 자라는 것이 목적임을 분명하게 알려주세요.

특히 남자아이들에게 자신이 이성 교제를 할 때 가져야 할 한계를 분명하게 인식시켜 주셔야 합니다. 여자친구를 너무 좋아해서 키스하고 싶고 만지고 싶은 마음이 드는 것은 당연하지만 그런 마음이 든다고 실제 행동으로 옮기는 것은 위험하며 실제로 그런 행동을 하게 될 때 '멈출 수 있는 자제력'이 필요함을 알고 있어야 합니다.

성인이 되고 스킨십이 성관계가 되어 만약 임신을 하게 되더라도 아기를 낳고 책임질 수 있을 때까지 서로를 위해 기다리는 것이 자신과 연인을 위한 사랑임을 알려주세요.

또한 여자친구가 스킨십에 "싫어"라고 말하면 멈춰야 한다고 알려주세요. 거절당하는 것이 힘들겠지만 부끄러운 것이 아니며 둘 사이의 성숙한 관계의 지속을 위해 거절을 받아들이는 사랑이 필요하다고 알려주세요. 여자친구가 자신과의 스킨십을 원하지 않아도 좋아하는 마음은 변함이 없고, 스킨십을 하지 않는다는 이유로 괴롭히면 결코 건강한 이성 교제가 아니라는 것을 인식시켜 주셔야 합니다.

스킨십 없이도 충분히 행복하고 아름다운 연애를 지속할 수 있다는 것을 알려주세요. 만약 여자친구가 원하지 않는데 스킨십을 지속하거나, 조르는 행동은 미성숙한 행동이며 이러한 행동 때문에 준비되지 못한 임신을 하게 될 수 있음을 알려주세요.

#2. 여자 청소년에게

여자아이들도 마찬가지로 이차성징이 시작되면 초경을 경험하고, 유방이 차라고 음모가 자라기 시작합니다. 성에 대한 호기심은 남자 청소년에게만 국한된 것이 아니기에 여자아이들 또한 성에 대한 호기심이 왕성해집니다.

친구들과 "야동 보고 싶어", "실제로 관계를 갖게 된다면 어떨까?"라며 궁금해합니다. 좋아하는 이성 친구가 함께 야동을 보자고 하면 함께 볼 수 있고, 룸 카페 같은 곳에서 둘이 영화를 보다가 19금 상황이 나오는 경우 서로 당황스러워 하지만 성인과 마찬가지로 성적인 흥분감을 느낄 수 있습니다. 아이에게 연애를 하면 언제든지 위와 같은 상황이 닥칠 수 있음을 알려주세요.

둘만의 공간에서 야동을 보거나, 19금 관련 영상을 보게 되었을 경우 따라 해보고 싶은 생각이 들 수 있다고 말해주세요. 그렇지만 지금이 위험한 순간임을 알고 자신과 상대방의 미래를 위해 멈추고 둘만의 공간에서 나오는 용기가 필요함을 알려주세요.

그때 멈추지 못하면 성적인 흥분감은 성관계로 이어지고, 아직 피임에 많이 서툰 청소년은 원하지 않는 임신을 하게 될 가능성이 아주 높아진다는 것을 알려주세요.

또한 성관계 후 임신했을지도 모르는 불안감, 성관계나 스킨십에 집중해서 십 대가 누려야 할 가장 중요하고 아름다운 경험 들을 놓치는 것이 걱정된다고 말해주세요. 그 일은 매우 어렵지만 아주 중요한 일이라는 것을 스스로 알 수 있도록 알려주세요. 자꾸만 원하지 않는 스킨십이 반복된다면 남자친구와는 가능하면 사람이 많은 곳에서 만나고, 단둘이 있지 않도록 주의를 주어야 합니다. 내가 "싫어"라고 분명하게 이야기했는데 너무 실망한 표정을 짓거나 화를 내거나 헤어지자고 한다면 그 친구와는 헤어지는 것이 너를 위해 옳은 일이라는 것을 알려주세요.

만약 그런 일이 네게 일어난다면 너무 마음 아프지만 그 친구는 너를 소중하게 생각하지 않는 것이며, 너는 너무나도 소중한 존재이니 너를 소중하게 여기는 더 좋은 이성 친구를 만날 수 있다고 이야기해 주세요.

어렵지만, 앞에서 제가 쓴 이야기들을 주제로 충분한 시간을 갖고 지속적으로 이야기하신 부모님을 가진 아이라면 멈추는 것이 가능합니다. 우리의 아이들은 사랑하는 부모님에게 실망을 안

겨주고 싶지 않은 마음이 지금 당장 이성 친구와 성관계를 맺는 것보다 중요하다고 생각합니다.

어른들이 자녀를 사랑하는 만큼 우리 자녀들도 부모님을 사랑합니다. 부모님을 생각해서라도 멈출 수 있고, 자신의 미래를 위해 자제할 수 있다고 생각합니다. 부모님께서는 우리 자녀가 스스로 위험한 상황임을 인식할 수 있는 판단력과 거절할 수 있는 용기를 가질 수 있도록 지지해 주시고 응원해 주셔야 합니다.

사랑스럽고 따뜻한 눈으로 바라봐 주시고, 아이에게 생긴 모든 일에 대해 들어줄 준비가 된 부모님이면 가능합니다. 아이의 삶을 결정짓는 가장 중요한 순간에 '멈춤'을 선택할 수 있는 마음의 힘을 길러주어야 합니다.

10. 안전하게 이별하기(1)

2024년 5월 명문대 의대생이 여자친구를 흉기로 여러 차례 찔러 살해한 혐의로 사형을 구형받은 사건이 있었습니다. 피의자 최 씨(25)는 2018학년도 수능에서 만점을 받은 15명 중 한 명이었으며 여자친구가 헤어지자고 말해 범행을 저질렀다고 진술했습니다.

이별 통보에 연인을 폭행하거나 살해했다는 뉴스는 더 이상 새롭거나 놀랍지 않을 정도로 흔한 일들이 되어버렸습니다. 2023년 언론에 보도된 남편, 애인 등 남성에 의한 여성 살해 사건은 최소 138건에 이르며, 같은 기간 데이트 폭력(교제 폭력)으로 검거된 피의자는 1만 3939명입니다. 또한 교제 폭력의 경우 93.6%가 스토킹 또는 성적 괴롭힘과 중첩된다는 연구 결과도 있습니다. 특히 교제 폭력에 의해 숨지거나 생명에 위협을 느끼는 여성이 19시간에 1명씩 발생할 정도로 우리 사회에 위험한 문제로 인식되고 있으나 사회적 제도 및 관심이 많이 부족합니다. 안타깝지만 연애를 시작하는 우리 아이들은 언제나 교제 폭력에 노출될 수 있습니다.[30]

'교제 폭력'이란 연인관계나 호감을 가지고 만나는 관계에서 일어나는 폭력으로, 한 사람이 일방적으로 상대를 감시(스토킹)하거나, 통제하려는 행위, 정서적(언어적·경제적) 학대, 신체적, 성적 폭력을 아우르는 개념으로 헤어지자는 연인의 요청을 거절하거나 이별한 뒤에도 집요하게 스토킹으로 이어지는 것을 의미합니다.

저는 우리의 자녀가 교제폭력의 가해자가 될 수도, 피해자가 될 수도 있다고 생각합니다. 자녀가 연애를 하는 동안 어떤 행동

30 "2023년 분노의 게이지: 언론 보도를 통해 본 친밀한 관계의 남성 파트너 및 일면식 없는 남성에 의한 여성살해 분석", 한국여성의 전화, https://hotline.or.kr/archive/?bmode=view&idx=26184041

을 교제 폭력으로 봐야 하며, 이성 친구에게 이런 행동하는 것은

범죄이고 혹시나 이런 일이 자신에게 생겼을 때는 어떻게 해야

할지 반드시 부모님과 상의하고 결정하도록 알려주셔야 합니다.

〈 교제 폭력의 유형[31] 〉

구분	내용
통제	-누구와 함께 있는지 항상 확인한다. -옷차림을 제한 한다. -내가 하는 일이 자신의 마음에 들지 않으면 그만두게 한다. -일정을 통제하고 간섭한다. -휴대폰,이메일,SNS 등을 자주 점검한다.
언어적,정서적,경제적 폭력	-욕을 하거나 모욕적인 말을 한다. -위협을 느낄 정도로 소리 지른다. -나를 괴롭히기 위해 악의에 찬 말을 한다. -내가 형편없는 사람이라고 느낄 정도로 비난한다.
경제적 폭력	-돈을 빌리고 갚지 않는다. -데이트 비용 청구 등 지불 강요를 한다. -협박하여 재물이나 재산상 이익을 취한다.
신체적 폭력	-팔목이나 몸을 힘껏 움켜쥔다. -세게 밀친다. -팔을 비틀거나 머리채를 잡는다. -폭행으로 삐거나 살짝 멍/상처가 생긴 적이 있다. -뺨을 때린다.

---

31 "교제폭력", 정책정보, 한국여성인권진흥원, https://www.stop.or.kr/home/kor/M988752725/contents.do (2025년 1월16일 검색).

성적 폭력	-나의 의사에 상관없이 가슴/엉덩이/성기를 만진다. -내가 원하지 않는데 애무를 한다. -나의 기분에 상관없이 키스를 한다. -내가 원하지 않는데 성관계를 강요한다.

자녀가 연애를 시작하기 전 또는 연애 중이라면 교제 폭력의 유형을 알려주고 위의 폭력을 경험했다면 반드시 부모님께 알리고 개입할 수 있도록 당부해야 합니다. 또한 사귀는 중 교제 폭력을 행사하지 않도록 주의를 주는 일도 중요합니다. 연인끼리 갈등의 이유가 무엇이든 소리를 지르거나 폭력적으로 해결하는 것은 올바른 해결 방법이 아니라는 것을 알아야 합니다.

연인 사이의 교제 폭력은 어느 날 갑자기 발생하기보다는 발생 전 여러 가지 징후를 동반하나 그중 가장 주의 깊게 생각해야 할 것이 바로 '통제'입니다.[32] 강압적으로 가스라이팅하며 상대방을 조정하는 통제도 있지만 대부분 통제는 누구와 함께 있는지 항상 확인하거나 연인이 하는 일이 자신의 마음에 들지 않으면 그만두게 한다거나 친구들을 못 만나게 한다거나 자신이 원

---

32 "스토킹 교제 폭력의 이해", 한국여성정책연구원. 김효정. 2024. "교제폭력엔 전조증상 있다", 한국일보, 2024년 5월 10일.

하는 옷을 입게 하거나 SNS 대화 등에 바로 답하지 않으면 많이 불안해하는 등의 연인을 향한 걱정 및 지나친 애정 갈구 등으로 표현됩니다.

또한 위협을 느낄 정도로 소리를 지르거나 악의에 찬 말을 하거나 상대가 형편없는 사람이라고 느낄 정도로 비난하기도 합니다.

이러한 폭력을 행사한 후에는 "너를 정말 사랑해서 그래. 너를 위해서야. 네가 너무 걱정돼서 그래" 등의 말을 계속하기 때문에, 그러한 말을 지속해서 듣게 되면 어느 순간 정말 자신을 사랑해서 그런 것이라고 착각하게 됩니다. 이 때문에 자신에게 행해지는 상대방의 통제를 눈치채기 어렵게 만듭니다.

그러나 아무리 사귀는 사이라고 해서 상대방이 자신의 자율성을 침해할 수는 없습니다. 어떤 사람을 만나고 어떤 옷을 입고 언제 귀가할지 등은 자신이 선택해야 하고 이러한 것에 지나치게 개입하는 관계는 언제든지 강압적인 폭력으로 바뀔 수 있다는 것을 알려주세요.

이러한 폭력은 충고 및 조언 등을 가장한 가벼운 통제에서 강압적 통제로 이어지고, 언어폭력, 신체폭력을 행사하게 됩니다. 십 대 아이들은 자신을 폭행한 뒤 눈물을 흘리며 무릎을 꿇고 진심으로 사죄하는 모습을 보이고 다시는 그런 행동을 하지 않겠다며 사정하는 모습을 보이면서 떠나지 못하게 만듭니다. 더러는 헤어지면 자살하겠다며 상대방을 협박하기도 하고, 이성 친구 앞에서 자해하는 모습을 보여주면서 "네가 떠나면 죽어버릴 거야"라며 정신적으로 괴롭히기도 합니다.

자녀가 연애를 하는 동안 상대방이 자신에게 '교제 폭력' 및 '통제'를 행사하고 있다는 것을 알 수 있도록 위 사례를 참고하여 알려주시기를 바랍니다. 사귀는 중 자신에게 폭력을 행사하거나 통제하려는 모습을 보인다면 헤어지도록 알려주세요. 만약 헤어지는 것이 어렵다면 부모님이나 믿을 수 있는 사람의 도움을 받을 수 있다는 것을 반드시 알려주시기를 바랍니다. 어렵지만 자녀가 사람을 보는 통찰력을 가질 수 있도록 부모님께서 도와주셔야 합니다. 그래야 우리의 자녀를 지킬 수 있습니다.

또한 사귀는 동안 우리의 자녀도 위와 같은 행동으로 상대방을 통제하고, 폭력을 행사하지 않도록 알려줘야 합니다. 만약 자녀가 강압적인 연애를 하고 있다면 "네가 하는 행동은 사랑이 아니고 통제이며 폭력이야. 이러한 행동은 사랑이 아니야. 지속되면 너는 범죄자가 될 수 있어. 사랑은 상대방을 조정하는 것이 아니고 존중하는 것이고 배려하는 것이야."라고 알려주세요.

대부분의 교제 폭력 가해자는 폭력을 행사할 수밖에 없는 원인을 피해자에게 돌립니다. 이 때문에 피해자는 자신만 잘하면 관계가 달라질 수 있다고 착각하게 만듭니다. 그리고 헤어진 이후 보복에 대한 두려움으로 이별을 통보하지 못하는 경우도 많습니다. 위와 같은 불행을 예방하기 위해서는 늘 연애하는 아이를 주시하면서 문제 발생 초기에 관계를 정리할 수 있는 지혜와 용기를 주어야 합니다.

11. 안전하게 이별하기(2)

안전하게 이별하기에서 중요한 4가지[33]는

첫째, 단호하게 대하기

처음 폭력을 경험한 후 폭력을 행사한 상대가 용서와 화해를 구하고, 눈물을 보이며 설득하려 해도 절대 용서할 수 없다는 단호한 태도를 보여야 합니다. 처음 폭력을 당한 후 가해자와 관계를 끊어내는 것이 가장 중요합니다.

둘째, 주변 사람에게 알리기

자녀가 교제폭력을 당했다면 친구, 부모님 등 믿을 수 있는 사

---

[33] 1366 여성긴급전화, https://www.seoul1366.or.kr/bbs/board.php?bo_table=B09/피해여성가이드/데이트폭력.

람에게 이야기하고, 1366 여성의전화, 해바라기센터 등 전문기관에 상담을 받도록 합니다.

셋째, 폭력의 증거 남기기

신체적인 폭력이 있었을 경우 진단서를 받고 사진을 찍어두도록 하며, 언어폭력을 당한 경우 녹취를 하거나 메시지를 저장해 두도록 합니다. 실제로 신체적, 성적 폭력이 발생했다면 112 신고하여 도움을 받아야 합니다.

넷째, 단둘이 만나지 않도록 합니다.

폭력이 단 한번이라도 발생했다면 절대 단둘이 만나서는 안된다는 것을 주지시켜 주셔야 합니다. 아이는 가해자의 지속적인 애원과 사과에 마음이 약해져서 만남을 지속하게 될 가능성이 높기 때문에, 만약 폭력을 행사한 상대방이 자녀와 만나는 것을 간절하게 요청한다면 부모님이 함께 만나도록 합니다. 그리고 가능하다면 가해자가 전문적인 치료를 받을 수 있도록 가해자의 보호자에게 폭력 사실을 알리는 것도 도움이 됩니다.[34]

그렇다면 연인 사이 폭력의 상황에 우리 아이가 어떻게 대처할 수 있는지 알아보겠습니다.

사례 1.

"헤어지자고 한지 반년도 넘었는데 계속 집에 찾아오고, 매일 카톡으로 성관계한 사실을 부모님께 알리고, 학교에 소문내겠다고 협박하면서 부모님도 가만히 두지 않겠다고 괴롭히고 있어요."

[도움 방안]

· 상대에게 더 이상의 연락이나 접근을 하지 말라고 분명하게 전달합니다.

· 부모님의 도움을 받아 변호사와 상의하여 내용증명을 보내는 것도 방법이 될 수 있습니다.

---

34 "데이트폭력의 유형, 데이트폭력에 대한 대응". 1366 여성긴급전화 서울센터.

· 상대가 거부 의사를 무시하고 찾아올 때는 경찰에 반드시 신고합니다.

· 경찰에 스토킹과 협박 등 피해 상황을 구체적으로 알리고 도움을 요청합니다.

· 고소를 결심한 상황이 아니더라도, 경찰 신고는 상대에게 거부 의사를 전달하는 확실한 방법이면서 이후 법적 대응을 할 경우에 도움이 됩니다.[35]

사례 2.

"만나 주지 않으면 죽겠다고 협박해서 정말 죽을까 봐 불안하고 두려워서 못 헤어지겠어요."

[도움 방안]

· 헤어지려고 여러 차례 시도했을 것이며, 그때마다 상대는 죽지는 않고 자살하겠다고 위협하며 괴롭혔을 것입니다. 이는 상대가 자신의 목숨을 갖고 흥정하는 사람이거나, 죽겠다는 말에 상

---

35 "F언니의 두 번째 상담실-데이트폭력 대응을 위한 안내서", 한국 여성의 전화, 2018년. 37.

대방이 약해지는 것을 알고 협박을 하는 것일 수 있습니다. 상대가 아직 죽지 않았다는 것은 앞으로도 죽지 않을 것을 의미합니다. 안타깝지만 상대방이 이별로 인해 자살을 하더라도 그것은 그 사람의 선택이고 잘못이지, 헤어지자고 말한 사람의 잘못은 아닙니다. 불안하고 두려운 마음은 이해하지만, 상대가 죽는 것이 두려워 못 헤어지는 것은 상황을 더욱 악화시킬 뿐이라는 것을 알아야 합니다.[36]

· 위와 같은 상황을 예방하기 위해 자녀에게 스토킹 및 교제 폭력에 대해 알려줘야 합니다. 일반적으로 스토킹이란 원치 않는 연락이나 행동으로 인해 나 또는 나와 가까운 주변인의 안전에 대한 공포심을 느끼거나 감정적인 스트레스를 받는 행위 전반을 의미합니다. 예를 들면 내가 원하지 않는데 따라오거나 허락을 받지 않고 기다리거나 몰래 지켜보는 행동입니다. 또한 우연을 가장해서 갑작스럽게 나타나거나 물건 등을 보내기도 합니다. 휴대폰 문자 메시지, SNS, DM 등을 이용해 연락하는 일도 스토킹에

---

36 위의 내용, 41.

해당합니다. 스토킹은 친밀한 파트너에 의해 가장 많이 발생하고 있는데 친밀한 파트너란 과거 또는 현재의 배우자나 연인 등을 의미합니다. 연인 사이의 스토킹은 친밀한 파트너 유형에 해당하는 스토킹이며 피해자를 통제하고 고립시키는 강압적인 통제에 더하여 폭력 및 살인까지 유발하여 피해자뿐만 아닌 가족들에게도 큰 피해를 입히게 됩니다.

친밀한 파트너에 의한 교제폭력 피해는 세계적인 문제입니다. 〈유럽연합 28개국 여성폭력 실태조사: 친밀한 파트너 폭력 피해 경험률〉을 조사한 결과 유럽 여성의 약 3명 중 1명(33%)은 15세 이후 신체적·성적 폭력을 경험한 적이 있으며, 전체 피해자의 약 24%는 지난 12개월 이내에 해당 폭력 피해를 경험했다고 응답했습니다.[37]

국내에서도 〈여성폭력 실태조사:친밀한 파트너 폭력, 교제폭력 피해 경험률(2021년)〉 조사에서 친밀한 관계에서의 폭력 경험비율 16.1%, 평생 데이트폭력 경험 비율 5%로 나타났습니다. 가해

---

37 "스토킹 교제 폭력의 이해", 한국여성정책연구원. 김효정. 2024.

자 유형은 과거 사귀었으나 피해 당시 헤어진 연인(14.7%), 피해 당시 연인 관계(10.4%)로 스토킹 및 교제 폭력의 피해의 다수는 '친밀한 파트너 폭력'의 형태로 나타나는 것을 알 수 있습니다. 따라서 자녀에게 사귀는 동안 그리고 헤어질 때 교제 폭력이 발생 가능하며, 교제할 때 자신을 통제하고 조종하려는 강압적 통제인 스토킹을 경험하게 된다면 절대 혼자서 해결하려고 하지 말고, 부모님 또는 믿을 수 있는 사람의 도움을 받을 수 있다는 것을 알려주셔야 합니다.

모든 부모는 내 자녀가 피해자가 되는 것도, 가해자가 되는 것도 원하지 않을 것입니다. 교제 폭력 가해자의 특성을 연구한 다수의 학자들에 따르면 교제 폭력 가해자는 자살 위협, 과도한 집착 등으로 상대방을 통제하고자 하는 심리를 가지고 폭력을 행사한다고 보고 하고 있습니다. 특히 가해자는 이별을 받아들이기 힘들어하는데 연인과의 이별을 피하고 상대방을 통제하기 위해 지속적인 자살 협박을 하여 상대방이 이별을 말하지 못하게 만들고, 불안한 관계를 이어 나가며 언제 터질지 모르는 시한폭탄 같은 정서를 가지고 상대방을 자신의 뜻에 맞추어 휘두르려는 특성을 보입니다.

우리나라는 극도로 경쟁해야 무엇인가를 쟁취할 수 있는 치열한 경쟁의 나라입니다. 교제 폭력의 가해자는 상대적인 비교를 통해 자신이 비교 대상보다 부족하다는 생각이 들면 자존감이 낮아지고, 세상이 자신을 무시했다는 심리를 갖게 되는 경향이 있습니다.

범죄 심리학자 표창원은 교제 폭력 가해자들의 가장 큰 특징이 '소유욕'이라고 했습니다.[38] 상대방을 자신의 소유물로 생각하고 자존감은 낮지만, 자존심은 높아서 거절을 감내할 힘이 약하고, 그로 인해 이별을 견뎌내지 못한다고 합니다. 거절 자체를 극단적으로 받아들이고 이별 선언이 자신의 존재를 부정한다고 인식하면서 교제 폭력으로까지 이어질 수 있다고 경고했습니다.

우리는 우리의 자녀를 어떻게 키우고 싶은 걸까요?

---

38 "표창원이 지목한 데이트 폭력 가해자들의 특징", 오마이뉴스, 2017년 7월 20일.

교제하다가도 헤어질 수 있습니다. 문제는 자녀가 이별을 이겨 낼 힘이 있느냐입니다. 그 힘은 바로 자존감입니다. 자존감이 높은 아이는 자신을 지키기 위해 상대방이 자신을 함부로 대할 때는 이별을 선택할 수 있고, 사랑하는 연인이 이별을 요구할 때는 이별을 받아들일 수 있게 합니다. 자녀에게 이별은 많이 아프고 힘든 일이지만 그렇게 어른이 되어가는 것이며, 이별이 모든 것의 끝을 의미하는 것은 아니라는 것을 알려주세요. 이별이 슬퍼도 얼마 동안의 애도 기간 후 다시 까르륵 웃을 수 있고, 다시 새로운 사랑을 찾고, 행복한 연애를 할 수 있다는 것을 알 수 있도록 격려가 필요합니다.

저도 자녀를 양육하면서 늘 기억하고 실천하려고 노력하는 것이 '애착'입니다. 애착이란 양육자나 특별한 사회적 대상과 형성하는 친밀한 정서적 관계를 의미합니다.[39] 어린 시절 부모님과 맺은 애착은 자녀의 전 생애에 영향을 줄 수 있으며, 특히 부모에게 절대적인 사랑받았던 기억은 연인 사이의 안정적이고 성숙한 태

---

39 "애착", https://terms.naver.com/entry.naver?docId=2070163&cid=41991&categoryId=41991 (2025년1월14일 검색).

도에 영향을 미칩니다. 슬프게도 부모에게 거절당했던 기억은 부모에 대한 부정적인 감정뿐만 아니라 자기 자신과 세상에 대해 부정적인 개념을 형성하게 만들고, 세상과 타인에게 적대적인 태도를 취하게 만들며, 특히 연인 관계에서 어려움을 겪을 가능성을 높입니다. 충분히 사랑받았던 기억이 없는데 어떻게 다른 사람에게 사랑을 줄 수 있을까요? 내 키를 훌쩍 넘어 커버린 아이도 부모가 안아주고 스킨십 하면 좋아하고, 응석을 부립니다. 아이들은 청소년이 되었다고 해도 여전히 부모님에게 어릴 때처럼 사랑받고 싶고 인정받고 싶습니다.

연구 결과에 의하면 남자아이는 부모와의 애착이 약할수록 성 행동이 증가하고, 부모와의 애착이 강할수록 성 행동 시기가 늦어질 뿐만 아니라 성 행동의 빈도가 낮아진다고 합니다.

부모가 자녀의 사랑 통장을 가득 채워 자존감을 높여주면, 타인에게 사랑을 갈구하지 않고 이별을 받아들이는 성숙하고 안정적인 사랑을 할 수 있을 것입니다.

5부

부부 자존감의

기술

친란한 너의 성을 응원해

1. 부부 자존감 높이기

2. 부부관계 회복하기

3. 부부 자존감은 평생 달성할 목표입니다

찬란한 너의
성을 응원해

1. 부부 자존감 높이기

부모님은 자녀와 성에 대한 대화를 하기 전 확인해야 할 것이 하나 더 있습니다. 바로 부모님의 자존감입니다. 자존감이란 자신을 존중하고 가치 있는 존재라고 인식하는 마음을 말합니다. 쉽게 말하면 '자기 자신을 긍정적으로 바라볼 수 있는가?'라는 의미입니다.

자녀와 성과 관련된 대화를 하기 전, 부모님은 자기 자신을 대하는 태도, 배우자를 대하는 태도가 어떤지 생각해 볼 필요가 있습니다. 내 자녀의 자존감은 중요하게 생각하면서 자신과 배우자의 자존감에 대해 중요하게 생각하지 않는다면 결코 자녀의 자존감은 높아질 수 없습니다.

부모의 자존감은 자녀에게 전달됩니다. 저는 자존감의 의미를 확장하여 부부관계에 적용하면서 부부는 한 몸을 가진 하나의 인격체라고 생각했습니다. 이를 '부부 자존감'이라 부르고자 합니다.

부부의 자존감이란 배우자를 존중하고 서로가 가치 있는 존재로 인식하며, 자신의 배우자를 긍정적으로 생각하는 태도 또는 마음가짐입니다.

한번 생각해 볼까요? 나는 나를 존중하듯 배우자를 존중했었던 시간이 언제였나요? 아니면 애초에 나는 나 자신을 소중한 존재라고 믿고 존중하고 있었나요? 배우자가 가치 있고 소중한 존재라고 믿었던 시간이 분명히 있었는데 우리는 언제 잊어버렸는지 생각해 봅시다.

흔히 "괜히 결혼했어", "연애할 때는 안 그랬는데 너무 달라졌어"라고 농담반 진담반으로 말하기도 하지만 결혼을 앞둔 이들에게는 "결혼하지 말고 혼자 살아. 왜 결혼해?"라고 말하는 일도 있습니다.

참 안타깝습니다.

우리는 모두 행복하기 위해 결혼합니다.

그렇지만 대부분 결혼을 '무덤'이라고 표현할 만큼 어둡고 힘겹게 이야기합니다. 이처럼 결혼을 부정적으로 바라보게 하는 현상은 대중매체의 역할도 한몫 하고 있습니다. TV에서 나오는 고딩엄빠같은 프로그램 또는 이혼 위기 가정의 프로그램 등의 위기의 부부 이야기는 시청률을 높이는 돈벌이의 대상이 되어 과장되고 자극적으로 편집하여 프로그램을 시청하는 시청자들의 눈을 뗄 수 없게 만듭니다.

시청자인 우리는 자극적이고 과장된 부부의 모습을 보면서 '저럴 거면 왜 살아. 그러니깐 이혼하지' 등의 말을 합니다. 그러면서 '저 정도도 같이 사는데, 우리는 괜찮은가? 싶다가도 배우자에게 저렇게 함부로 해도 되는구나'라고 생각하고 무의식적으로 TV 속의 위기 부부의 모습을 답습하고 있습니다.

또한 우리는 부모 세대의 단절된 부부생활을 보며 '나는 절대 결혼하지 않을 거야!'라고 다짐하며 '이 사람은 다를 거야'라는 맹목적인 믿음에 결혼을 하게 되고, 소통이 단절된 결혼생활에 상처를 입고 '역시 결혼하지 않았어야 했어'라고 말하는 사람들을 만납니다.

2021년에 발표된 논문 〈부모 수준과 가족관계가 부모 효능감과 양육 불안감을 매개로 초등 사교육에 미치는 영향분석〉을 보면 좋은 가족관계에 의한 부모 효능감 향상은 양육 불안감과 사교육을 낮추는 효과를 거둔다는 것을 검증하였습니다. 즉 가족 지원과 가족 건강성이 양호하면 부모 효능감이 상승하고, 높은 부모 효능감은 양육 불안감을 낮춘다는 결과입니다.

가정 내에서 가족이 서로 사랑하고 서로를 존중하면 과한 사교육을 시키지 않아도 자녀가 자신에게 주어진 학습을 잘 따라갈 것이라는 믿음이 생기게 되어 사교육을 덜 시킬 수 있다고 해석합니다. 논문에서 말하는 부모 효능감이란 부모가 자녀의 행동에 있어 긍정적 변화를 이끄는 능력에 대한 자신의 지각 정도

와 자녀가 건강하게 발달할 수 있도록 이끄는 양육에 대한 부모 스스로의 믿음입니다.[1]

그러면, 부모 효능감이 높아지려면 어떻게 해야 할까요?

부부 사이의 관계가 좋아야 합니다. 부부 사이의 관계가 좋기 위해서는 서로를 존중하고 소중하게 생각해 주는 마음, 즉 부부 자존감이 높아야 가능합니다. 만약 부부 사이가 좋지 않다면 부모 효능감이 떨어지고 자녀의 행동에 긍정적인 변화를 이끄는 능력에 대한 믿음이 약화 되어 자녀의 양육에 자신감이 떨어지게 됩니다.

자녀와 껄끄럽고 어렵다는 성 관련 이야기를 해야 하는데 부모가 양육에 대한 자신감이 낮다면 성 관련 이야기는 시도조차도 하지 못할 가능성이 높습니다.

아이는 커가고 성교육은 해야겠는데 자신은 없고 결국 성교육도 사교육을 시키겠다고 마음먹을 수밖에 없습니다. 그래서 동네 친한 엄마들과 함께 인터넷으로 요즘 잘 나간다는 후기 좋은 성

---

1 "부모 수준과 가족관계가 부모 효능감과 양육 불안감을 매개로 초등 사교육에 미치는 영향분석", 조찬희,김교헌,이형용. 한국지식경영학회, 2022년 6월. 171, 197.

교육 강사를 찾아보고 섭외하여 아이 친구들과 팀을 만들어 높은 비용을 감당하면서 몇 번의 성교육을 받도록 한 뒤 '우리 아이도 성교육 끝냈어'라고 생각할 수 있습니다.

그러나 사랑하는 자녀에게 가장 중요하고 필요한 성교육 선생님은 '부모님'입니다. 그 누구도 대신할 수 없습니다. 성교육은 전문 강사에게 몇 차례 듣는다고 끝난 게 아닙니다.

평생에 걸쳐 건강한 성 가치관을 갖도록 지지해 주고 도와주는 일은 전문 강사가 아닌 부모님이 할 수 있는 일입니다. 성인이 되어서도 건강하지 못한 성 가치관을 갖은 사람들은 각종 성범죄에 연루되고, 교제 폭력, 스토킹 등 다양한 성 관련 문제에 맞닥뜨리게 됩니다. 내 삶을 녹여낸 사랑하는 아이가 성 관련 문제로 범죄자가 되거나 피해자가 되는 것을 바라는 부모는 단 한 명도 없을 것입니다.

이를 예방하기 위해서라도 부모인 우리가 노력해야 합니다. 부부가 함께 행복한 부부 자존감을 갖고 부모 효능감을 높여 내 사랑하는 아이들에게 건강한 성 가치관을 전수해 주시기를 바랍니다. 부부란 사회에서 가장 작은 단위 중 하나이며, 피가 섞이지 않았음에도 서로에게 기꺼이 삶을 내어줄 각오를 가지고 맺어진 약속을 한 사람들입니다.

저는 연애 18년 차, 결혼한 지 16년 되었습니다. 그동안 다양한 사회적인 만남을 통해 많은 부부들을 만났고, 연애와 결혼 임신 출산 육아를 모두 지켜본 친구 부부들도 여러 쌍 있습니다. 그러던 중 이제 막 샷을 내린 뜨거운 아메리카노처럼 사랑해서 결혼했지만, 아이스 아메리카노보다 더 차갑게 식어버린 관계를 어떻게 회복할지 고민하는 부부들도 만났습니다. 안타깝습니다. 왜 처음에 느꼈던 그 뜨거운 사랑을 지키지 못하고 지금은 서로에게 무신경하고 아이 때문에 같이 사는 존재가 되어버렸을까요? 왜 만나는 사람들에게 자신의 불행한 결혼생활을 말하면서 "가족끼리 그러는 거 아니야" "결혼하지 말걸" 식의 마음 아픈 이야기를 하는 걸까요? 물론 "결혼하길 잘했어! 결혼 빨리해" "결혼하니 너무 좋아"라고 말하기가 쉬운 일은 아닙니다.

저의 부모님은 행복한 부부가 아니었습니다. 서로 얼굴만 마주
쳐도 찡그리며 늘 서로에 대한 불만이 쌓여 넘치기 일쑤였습니
다. 자녀들 앞에서 "내가 왜 결혼했을까? 너네는 결혼하지 마라",
"애들만 없었으면 진작에…" 이런 이야기를 밥 먹듯 듣고 자랐습
니다. 하지만 불행한 가정에서 자란 저라고 행복한 가정을 이루
지 말란 법은 없습니다. 모든 사람들이 행복하지 않은 부모의 삶
을 따라갈 필요도 없습니다. 불행한 부모 밑에서 자랐어도 행복
한 부모가 될 수 있습니다. 저는 그런 사람이 되고 싶었습니다. 비
록 내가 행복한 가정환경에서 자라지 않았다고 해도 저의 청소
년기 자녀들은 아직도 남편과 저를 껴안으며 사랑 고백을 하고
있습니다.

저 역시 아들들에게 성과 관련된 이야기를 하는 게 쉽지는 않
지만 하고 있습니다. 저희 부부는 대화하는 시간이 많기에 엄마

아빠가 서로 이야기를 하는 모습을 보고 자란 아이들 또한 부모와 이야기하는 것을 즐거워합니다. 간혹 제가 성과 관련된 질문을 할 때면 "그런 걸 왜 물어봐요?"라고 수줍어하기는 하지만 조금 더 물어보면 말을 해줍니다. 더 나아가 묻지 않는 것도 이야기해 줍니다. 왜 그럴까요? 당연히 '부모님과 이야기하는 것이 좋으니깐' 그렇겠지요.

자녀 성교육 이야기를 하다가 부부의 이야기를 하니 당황스러우셨죠? 자녀 성교육에 앞서 더 중요한 것은 부부의 관계 회복이기 때문입니다. 성교육은 엄마 아빠 각각 하는 것이 아니고 부모가 함께 하는 것입니다. 아이의 성과 관련된 질문에 부모가 함께 고민하고 같은 답을 줄 수 있어야 합니다. 이를 위해 부모님은 자녀 성교육 전 부부 자존감을 높이고 서로에 대해 깊은 이해와 사랑으로 서로 같은 답을 고민하셔야 합니다.

2. 부부관계 회복하기

앞서 말했든 자존감은 사람을 움직이는 힘입니다. 부부 자존감은 부부를 한마음, 한뜻으로 움직이게 하는 힘을 의미합니다. 아래에 부부 자존감이 높은 경우와 낮은 경우를 정리했습니다. 우리 부부는 어디에 해당할까요?

《부부 자존감이 낮은 상태》

1) 배우자가 자신에게 불만을 말하면 쉽게 화를 낸다.

2) 부부 사이로 고민되는 일로 다른 것에 집중하지 못한다.

3) 부부 사이에 서로 책임져야 할 부분을 회피하고, 원 가정(시

댁 또는 친정)으로부터 독립적이지 못하고 의존적이다.

4) 배우자에게 공격성이 있으며 배우자를 이해하려 하지 않는다.

5) 배우자에게 비언어적(웃음, 미소, 스킨십 등)으로 표정이 없고 자녀와의 관계도 원만하지 못하다.

6) 부정적인 혼잣말(짜증 나. 싫어. 욕설 등)을 통해 신체화(이유 없이 여기저기 다 아프다) 증상이 종종 나타난다.

《부부 자존감이 높은 상태》

1) 배우자에게 말이 아닌 스킨십을 할 수 있고 긍정적인 표현을 잘한다.

2) 타인에게 배우자에 대해 험담하지 않고 배우자에게 솔직하게 자기의 생각을 말할 수 있다.

3) 부부 위기에도 쉽게 흥분하지 않고 차분히 행동한다.

4) 부부가 함께 세운 계획이나 약속을 어기게 되더라도 서로

의 탓을 하지 않는다.

5) 배우자의 모습을 있는 그대로 받아들이며 나만 아는 배우자의 장점이 있다.

6) 배우자를 이해하려 하며 배우자가 좋아하는 행동을 한다.

부부 자존감에 가장 큰 영향을 주는 것은 자존심입니다. 자존심의 사전적 의미는 남에게 굽히지 아니하고 자신의 품위를 스스로 지키는 마음입니다.[2] 또한 자존감의 사전적 의미는 스스로 품위를 지키고 자기를 존중하는 마음입니다.[3] 둘의 의미가 아주 비슷하여 혼용하여 사용하지만, 중요한 것은 자기 자신을 스스로 존중하는 마음의 유무가 두 단어의 가장 큰 차이입니다.

부부 사이에서 자존심을 내세운다면 어떻게 될까요? 남편인 내가, 아내인 내가, 배우자보다 더 우월하다는 생각에 그 우월함을 이용해서 상대방을 지배하고 싶어 하는 마음이 생기게 될 것

---

2 "자존심", https://dict.naver.com/dict.search?query=%EC%9E%90%EC%A1%B4%EC%8B%AC&from=tsearch (2025년1월 14일 검색).

3 "자존감", https://dict.naver.com/dict.search?query=%EC%9E%90%EC%A1%B4%EA%B0%90 (2025년1월14일 검색).

입니다.

사랑으로 시작된 관계라 하더라도 배우자가 나를 낮추며 내 의견을 무시하고 늘 자신의 생각만을 고집한다면 비참해질 수밖에 없습니다. 부부 사이에 자존감이 아닌 자존심을 내세우면, 평등한 부부관계는 파괴됩니다. 물론 부부가 서로의 자존심을 내세운다고 하여 반드시 부부관계가 나빠지는 것은 아니지만, 사랑이 아닌 힘으로 상대방을 깎아내리고, 조정하려 한다면 상대방은 지치게 됩니다.

또한 SNS를 보면서 자동적으로 하게 되는 사회적 비교는 자신보다 힘든 사람보다는 더 행복해 보이는 사람을 대상으로 이뤄지면서 열등감, 시기감, 불안정한 자존감을 심화시킵니다. 이러한 사회적 비교는 자신의 자존감뿐만 아닌 부부 자존감의 저하에도 영향을 줍니다.

부부의 사랑은 절대 노력 없이 유지되지 않습니다. 서로 그 사랑을 지키기 위해 치열하게 노력해야 겨우 유지됩니다. 부부 자존감을 높이기 위해 매일매일 자기 자신을 돌아보고 서로의 희생이 필요합니다.

그런데 부부 관계의 희생과 헌신이 한 사람만 하고 있는 것은 아닌지 돌아볼 필요도 있습니다. 그리고 자녀 앞에서 배우자를 무시하는 발언이나 행동을 하고 애들 때문에 산다고 말하면 안 됩니다. 아이들은 자신들 때문에 부모가 불행하기를 원하지 않습니다.

부부 사이가 건강하지 않다면 다시 말해 부부 자존감이 높지 않다면 자녀의 성교육은 어렵습니다. 성은 인간의 삶의 대부분을 차지하고 있는 중요한 그 무엇입니다. 아이는 자라면서 성 정체성의 혼란을 경험할 수 있고, 원치 않는 성 관련 범죄의 표적이 될 수도, 가해자가 될 수도 있습니다.

모든 부모님의 바람은 아이가 세상을 살아가면서 경험하는 성과 관련된 문제들을 잘 이겨내어 건강한 성 가치관을 가진 어른으로 자라 자신의 꿈을 펼치며 살아가는 것입니다.

저는 우리 아이들의 찬란하고 빛나는 성을 위해 부모가 먼저 노력해야 한다고 생각합니다. 자녀들이 성인이 되면 이루고 싶은 가정의 모습을 부모님의 결혼생활을 보면서 상상하고 꿈꾸도록 도와주세요.

부부 자존감이 높은 부모의 아이들은 성인이 되어 더 건강한 가정을 이룰 것입니다. 아이들은 자신이 이룬 건강한 가정 안에서 안식과 평안을 누리며 세상을 살아갈 힘을 얻게 될 것입니다. 우리는 그 힘을 다른 말로 '행복'이라 부릅니다. 부부가 서로 존중하고 사랑하는 부부 자존감이 높은 가정환경은 아이들의 미래를 위한 가정의 행복 씨앗이 될 것입니다. 이것이 우리가 자녀에게 줄 수 있는 최고의 선물이자 사랑입니다.

3. 부부 자존감은 평생 달성할 목표입니다

여러분은 삶에서 가장 자존감이 높았던 때가 언제라고 생각하나요? 스위스 베른대 연구팀은 자존감에 관한 연구에서 4~11세 사이에 자존감이 처음 높아지기 시작하고 15세까지는 정체됐으나 낮아지지는 않고, 청소년기를 지나면서 30세까지 꾸준하게 상승한다고 밝혔습니다. 상승세는 중년으로 접어들면서 완만해지다가 60세 부근에서 최고치를 기록하고, 이후 70세까지는 최고 수준을 10년여간 유지한다고 분석했습니다.[4]

정말 놀라운 결과입니다. 자존감이 평생에 걸쳐서 증가하다가 60세가 되면 최고치라는 점이 매우 흥미롭습니다.

---

[4] "일생에 걸친 자존감 절정에 이르는 시기는?", 코메디닷컴, 2023년 12월 11일.

자존감은 전 생애 주기에 걸쳐서 변화하며, 타인과 상호작용에 영향을 받습니다. 유아기 및 청소년기에는 신체 발달, 성공 및 실패 경험, 사회적 책임감 등이 영향을 미치며 청년기 이후 결혼 여부가 자아 존중감에 영향을 미치고 중년기, 노년기에 더 큰 영향을 미치기도 합니다.

자아존중감은 개인의 행복감에 중요한 영향을 주는 것으로 알려져 있습니다. 자존감은 개인의 문제 해결 방식과 행복에 영향을 미치는 중요한 요인으로, 자존감이 높은 사람은 그렇지 않은 사람보다 긍정적인 정서를 더 많이 느끼며 부정적인 정서는 더 적게 느끼는 경향이 있고 타인 간의 관계 형성에 있어서 긍정적으로 반응합니다.

무슨 일이든 불만을 가지고 부정적으로 생각하고 말하는 사람과 만나본 경험이 있을까요? 부정적인 사람이 옆에 있으면 불만과 부정적인 정서가 옮겨지는 것 같아 자리를 피하거나 그 사람과 대화하는 것이 꺼려지게 되고 다시 그 사람을 만나고 싶지 않습니다.

그런데 만약 그런 사람이 배우자라면 어떨까요? 배우자가 아무리 잘하려고 노력해도 변함없이 냉소적이고 부정적인 사람을 변화시킬 수도, 사랑하기도 어렵습니다. 사랑 없는 의무만 남은 가정생활은 창살 없는 감옥과 같습니다. 결혼을 하더라도 스스로 노력하지 않으면 배우자에게 사랑받을 수 없습니다. 슬프게도 사랑은 변하고 배우자에게 자신이 바라는 만큼 사랑받지 못하면 결혼을 했더라도 다른 사랑을 찾을 수 있습니다.

우리는 부부의 사랑이 변하지 않기 위해 치열하게 애쓰고 노력해야 합니다. 어쩌면 연애할 때보다 더 많은 시간과 노력이 필요할지 모릅니다. 이를 위해 내가 조금 더 나를 사랑하고, 내 주변을 긍정적으로 보려고 노력해 보세요.

하루하루 감사일기를 쓰는 것도 도움이 되고, 하루 동안 절대 부정적인 말을 하지 않는 연습을 하는 것도 도움이 됩니다. 나에게 일어난 경험들을 부정적인 정서와 관련짓는 것을 멈추고 긍정적인 정서와 연결 지어 보세요.

"세차했는데 비 오네. 늘 이런 식이지. 난 재수가 없어"에서 "세차했지만 비 올 수 있지. 그럴 수 있어. 겨우 이런 일로 내 기분을 망치긴 싫어. 그만 생각해야겠어" 등 내게 주어진 다양한 상황에서 긍정적인 생각을 하는 것도 좋습니다. 좋은 말만 하고 좋은 정서만 표현해 보면 어느새 그 좋은 감정이 나에게, 내 배우자에게, 내 자녀에게 전해져 있을 것입니다.

지금 내 모습에 만족하고 있다면 자녀를 보면서도 흡족한 마음이 들 것입니다. 아니면 자녀를 볼 때마다 불안과 염려가 생길 것입니다. 자녀는 부모를 닮을 수밖에 없습니다. 외모도 성격도 지능도 다 나를 닮은 내 아이입니다. 아이가 나를 닮기 어려운 부분은 내가 줄 수 없는 운밖에 없는 것 같습니다.

당신은 자녀에게 가장 주고 싶은 것이 무엇인가요?

아니 당신에게 가장 중요한 것은 무엇인가요?

미국의 여론 조사기관인 퓨리서치센터는 〈삶을 의미 있게 하는 것은 무엇인가?〉라는 제목으로 미국, 캐나다, 프랑스, 독일, 한국 등 17개국의 1만 9000명의 성인을 대상으로 전화 인터뷰를 했습니다.[5] 이 연구에 의하면 조사 항목에 사람들이 생각하는 인생의 최상위 가치에는 가족과 자녀, 직장과 경력, 물질적인 풍요, 친구들과 건강 등이 포함되어 있는데 국가 간의 차이가 있었습니다. 미국의 경우는 가족과 자녀가 1위였고, 물질적인 풍요, 직업, 신앙이 2~5위를 차지했습니다.

한국은 어떨까요? 1위가 물질적 풍요, 2위 건강, 3위 가족, 4위 전반적으로 만족스러움, 5위 사회, 자유 순서로 대답했습니다. 한국 사회에서 물질적 풍요가 가족과 자녀를 앞서는 것을 보면 안타까운 마음이 더 큽니다. 자녀에게 물질적인 풍요와 안정을 주는 것 정말 중요합니다.

우리는 중진국에서 태어났으나 선진국에서 태어난 아이를 키우고 있습니다. 선진국에서 태어난 우리 아이들에게 물질의 풍

---

5   "무엇이 삶을 의미있게 하는가 한국 유일하게 물질적 풍요 1위 꼽아", 경향신문, 2021년 11월 23일.

요는 중요하지 않습니다. 이미 사회가 넘치도록 풍요롭기 때문입니다.

저는 우리 사회가 경제적인 풍요를 가장 중요하게 생각하기에 가정에서 소득이 가장 높은 사람의 가정 내 역할은 축소되거나 가정에서의 역할이 약화 되는 경향이 있다고 봅니다.

왜냐하면 가정을 유지하는데 가장 중요하다고 생각하는 돈을 벌어오니 집에 와서는 아무것도 하기 싫고 하지 않는 것이 보상이라고 생각하기 때문입니다.

'돈을 벌어오니 내 할 일은 다 했다'라는 자만심이 상대적으로 소득수준이 낮은 배우자에게 더 많은 가사를 분담하도록 무의식적인 압력을 행사하게 됩니다. 하지만 최근 연구에서는 남편이 성역할에 대한 인식이 유연할수록 결혼 및 가정생활 만족이 배우자에게 높은 것으로 보고하였습니다.[6] 반면 남편이 고착화된 성역할 인식을 가지는 경우 아내와 가사 및 육아노동 분담을 할 가

---

6 "부부의 성역할 인식과 가정생활 만족도의 관계에서 자아존중감의 상호매개효과", 한국보건사회연구원. 김효진, 신현우, 홍세희, 2020년 4월, 463-464, 467.

능성이 낮으며, 이로 인한 아내와의 갈등으로 인해 가정생활 만족이 낮아지는 것으로 분석하였기 때문입니다.

가정 내에서 누군가에게 지나치게 많은 가사가 주어진다면 불만의 씨앗이 자랍니다. 그 불만의 씨앗은 자라서 부부의 관계에 악영향을 미치고 부부 사이 냉담한 관계에 중요한 요소가 되어 줄 것입니다.

우리는 가정 내에서 서로 만족스러운 가사 분담이 필요합니다. 밖에서 일했지만, 일이 너무 힘들었지만, 배우자의 만족을 위해 가정에서 할 일을 찾고 함께하는 것 또한 중요합니다. 시간이 안 되거나 주말부부의 상황이라고 한다면 배우자가 흡족하게 여길 만큼 사랑해 주세요. 당신과 가족을 위해 희생하는 것이 아깝지 않게 넘치도록 사랑해 주시기를 바랍니다.

오늘부터 가정생활에서 높은 자존감을 가지기 위해 노력하기를 바랍니다. 부부 싸움을 하는 상황에서도 배우자의 말을 들어 주고, 감정을 이해하려고 받아들이도록 노력해 보세요. 배우자의 부족한 부분을 보완해 주려 노력해 보고, 함께 다시 이런 문제로 힘들지 않기 위해 어떻게 할지 대화해 보세요. 이렇게 갈등을 평화롭게 풀어나가는 부모를 보면서 자녀의 자존감은 높아집니다.

아이의 자존감을 높이려고 이것저것 사주고, 원하는 것을 다들어주면 응석받이 자존심 강한 아이가 될 뿐입니다. 자녀의 자존감을 높이려면 우선 나부터 높은 자존감을 가져야 하고, 안정적이고 따뜻한 가정을 이루도록 노력해야 합니다.

생각만 해도 너무 어려운가요? 그래도 이 글을 끝까지 읽은 당신이니깐, 당신은 가능합니다.

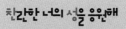

찬란한 너의 성을 응원해

Workbook

워크북 사용방법

1. 자녀와 함께 아무에게도 방해받지 않는 시간과 편안한 장소에서 함께 자유롭게 이야기합니다.
2. 이 활동에서 중요한 것은 부모의 생각보다 솔직하게 자신의 마음을 표현하는 일입니다. 그동안 궁금했던 것, 물어보고 싶었지만 쑥스러워 질문하지 못했던 것들을 부모님께 물어보고, 부모님 또한 솔직하게 자신의 생각을 아이들에게 이야기해 주기를 바랍니다. 절대 부모님의 생각을 주입하려 하거나 아이들을 답답하게 생각하거나 부모님의 생각만 맞고 아이들의 생각은 잘못되었다고 생각해서는 안 됩니다. 함께 답을 찾아가는 시간일 뿐 부모가 교사가 되었다고 생각하면 안 됩니다.
3. 각 목차에 맞는 영상이나 그림, 사진 등을 검색하여 함께 보면서 이야기하시기를 추천합니다.
4. 이 책에 쓴 내용 중 대표적인 6가지를 바탕으로 워크북을 만들었습니다. 부모님께서 원하신다면 워크북 내용과 질문을 참고하여 책 내용 중 자녀와 추가적으로 이야기 나누고 싶은 내용을 넣어 함께 하시길 바랍니다.
5. 자녀와 성과 관련하여 솔직하고 깊은 대화를 통해, 자녀가 성과 관련된 궁금증이 생기거나 누군가의 도움이 필요한 상황에 가장 먼저 생각나는 사람이 부모님이 되었으면 합니다.

1. 찬란한 우리들의 성

1) 가치관이 무엇인지 생각해 볼까요?

• 가치관이란?

가치관이란 단어 앞에 '성(性)'자를 붙여서 다시 적어볼까요?

• 성(性) 가치관이란 무엇인가요?

• 내가 생각하는 성 가치관이란?

• 부모님이 생각하는 성 가치관이란?

2) 성이란?

성이란, 생물학적인 성, 사회적 문화적 의미의 성, 총체적 의미의 성으로 설명할 수 있습니다. 생물학적인 성(sex)은 태어날 때부터 주어진 성을 의미하며, 사회적 의미의 성(gender)은 자신에게 주어진 성에 따른 가정과 사회에서의 역할, 신념 체계 및 기대 등을 의미합니다. 총체적 의미의 성(sexuality)은 생물학적인 성과 사회적 의미의 성을 총체적으로 다룬 성이며 성 의식, 성 가치관, 성별, 성관계 등 성과 관련된 것을 포괄하는 의미입니다.

- 아래의 사건에 대해 어떤 생각이 드는지 부모님과 이야기해 볼까요?

2024년 5월 40대 충주시에서 남성 A 씨가 횡단보도 앞에서 신호를 기다리던 B양(14세)의 머리를 음료 캔으로 내려치는 등 3명의 여성을 다치게 한 혐의로 실형을 선고 받았습니다. 재판부는 자신보다 어리고 힘이 약한 사람을 대상으로 범행을 저지른 것과 관련해 항소심에서도 실형을 선고하였습니다.

- 나와 반대되는 성을 존중해야 하는 이유를 생각하고 써볼까요?

- 혹시 누군가 나에게 내가 여자라면 "여자가 왜 그래?" "남자가 왜 그래?" 등의 말을 했다면 어떤 상황에서 이런 말이 나왔을까요? 내가 가지고 있는 성의 고정관념은 무엇인가요? (부모님도 함께 생각해 보세요.)

- 나는 나의 성을 어떻게 배려해 줬으면 좋겠나요?

- 나는 어떻게 나와 반대되는 성을 배려해 줄 수 있을까요?

사랑이라는 말은 '배려'라고 쓰고 '사랑'이라고 읽는 것입니다. 세상을 향한 따뜻한 시선, 나와 다른 사람을 존중해 주는 배려, 자신의 잘못된 생각이나 행동을 바르게 바꿀 수 있는 용기. 이 모든 것들이 다 모여 건강한 성 가치관을 가진 멋진 사람으로 만들어 줄 수 있습니다. 부모님과 함께 나와 다른 성을 어떻게 봐야 하고, 내가 배려받고 싶은 만큼 다른 사람들도 배려하고 존중해 줘야 함을 기억하기를 바랍니다.

- 아래의 글을 읽어보고 나와 다른 성을 배려하는 것이 어떤 것인지 구체적으로 생각해 보고 이야기해 보세요.

이야기 하나) 그날은 생리 첫날이었습니다. 학교 하교 후 버스를 타고 좌석이 있어서 바로 앉았습니다. 집 근처에 도착해서 내리려고 자리에서 일어선 순간 앞에 있던 남학생이 나를 자신 쪽으로 끌어당기더니 걸치고 있던 가디건을 벗어주며 조심스럽게 조용히 말했어요.
"당황하지 마시고 이 가디건으로 바지를 가리고 편하게 집으로 가세요."
그때서야 '생리혈이 샜구나?'라는 생각이 들었고, 학생이 벗어준 가디건으로 생리혈이 묻은 바지를 가리고 집으로 왔어요.

이야기 두울) 학교에서 체육활동을 하고 있는데 갑자기 아이들이 저를 보면서 키득키득 웃기 시작했어요. 옆에 있던 친구가 저를 치며 제 바지를 가리키는데 아침에 일어난 것처럼 갑자기 발기가 되어 체육복에 텐트가 쳐 있는 것처럼 보였어요.
다른 친구들과 좋아하는 여자아이가 봤을까 봐 너무 당황스럽고, 부끄러워서 운동장을 뛰쳐나가 아무도 없는 곳으로 갔다가 교실로 돌아왔는데, 아까 제 모습을 본 친구들이 저를 변태라고 놀리기 시작했어요. 정말 당황스럽고 부끄러웠어요.

2. 엄빠도 사춘기가 있었단다

우리는 혼자 살아갈 수 없습니다.
누군가에게 도움을 주고, 받으며 살아야 합니다.
건강한 성 가치관은 나와 반대되는 성을 이해하고 존중할 때부터 시작
됩니다. 우리는 나의 사춘기 몸과 마음의 변화뿐만 아닌 나와 반대의 성
을 가진 친구의 몸의 변화 또한 이해할 수 있어야 합니다.

먼저 사춘기의 공통적인 변화를 알아볼까요?

• 사춘기 뇌[1] 때문이라고요!

뇌는 일반적으로 뒤에서 앞으로 자라고 가장 앞에 있는 전두엽이 가장
마지막에 자라게 됩니다. 그런데 이 시기가 사춘기 시기와 맞닿아 있습
니다. 전두엽이 담당하는 기능은 기억력, 사고력, 운동 통제 등을 담당
합니다. 전전두엽은 계획, 판단, 자기 억제와 같은 고도의 이성적 사고
를 관장하며 전문가들은 이러한 전전두엽의 미성숙을 십 대의 특징적
인 행동과 연관된다고 보고 있습니다.

또한 뇌의 변연계는 동기와 정서 즉 감정을 담당하는 뇌의 부분인데 청
소년기에 이르러서야 발달합니다. 이 때문에 사소한 자극에 쉽게 짜증
내고 분노하며, 별것도 아닌 일에 극도의 억울한 느낌을 호소하는 등 스
스로 자신을 통제하는 일에 어려움을 느끼게 됩니다.

• 뇌를 가지치기한다고? (뇌의 리모델링 시기)

청소년기 전두엽이 발달하면서 뇌 속에서는 사용하지 않는 신경회로들
은 뇌가 필요 없다고 판단하여 시냅스를 제거합니다. 이를 뇌의 가지치

---

1 "사춘기 시기 뇌 기능의 특징", https://www.youtube.com/watch?v=D20_TMC5LTU (2025년1월2일 검색). "감정을 담당하는 뇌
기관", https://www.youtube.com/watch?v=wSY6hC0WyFQ(2025년1월2일 검색). "사춘기 뇌의 변화", https://www.youtube.
com/watch?v=MMd_fIPIX6E&t=6s (2025년1월2일 검색). "10대 놀라운 뇌, 불안한 뇌, 아픈 뇌", h ttps://www.youtube.com/
watch?v=VUMPbyrto0w (2025년1월2일 검색).

기라고 부릅니다. 특히 청소년기 전전두엽의 왕성한 가지치기 속에서 엄청나게 많은 세포가 잘려 나가고, 필요한 회로들은 완성되는 중간 과정의 시기이기 때문에 감정조절 및 행동과 충동을 억제하기가 더 어렵게만 느껴집니다.

그러나 이 시기가 중요한 이유는 과잉 생산되어있는 뇌회로와 뇌세포를 정리해 효율적인 뇌 구조가 만들어지기 때문입니다. 청소년기는 신생아기 이후 최대로 활발한 두뇌 발달이 이루어지는 중요한 시기이기 때문에 좋은 경험과 질 높은 교육 및 행복한 추억들을 많이 만들 수 있도록 해서 미래의 나의 꿈을 이룰 수 있도록 노력해야 합니다.

- 요즘 별것도 아닌 일에 쉽게 짜증이 나고 화난 적이 있었나요? 그때의 상황과 느낌을 적어볼까요?

- 부모님에게 서운했던 적이 있었다면 적어볼까요?

- 미래에 하고 싶은 직업이 있나요? 그 직업을 가지려면 무엇이 필요할까요? 아직 정하지 못했다면 어떤 삶을 살고 싶은지 적어보세요.

- 꿈을 이루기 위해 나는 어떤 노력이 필요할까요? (3가지 이상 구체적으로 써보기)

- 꿈과 관련하여 부모님께 듣고 싶은 응원의 말을 적어볼까요?

- 부모님은 자녀에게 하고 싶은 응원의 말을 적어주세요.

3. 엄빠도 사춘기는 당황스러웠어

1) 청소년의 공통된 몸의 변화

- 들어봤니 안드로겐?

남성청소년은 왕성하게 남성호르몬인 안드로겐이 분비되고, 여성 청소년도 소량의 안드로겐이 분비되기 때문에 체모와 음모가 자라나기 시작해요. 또한 피지분비가 왕성해져서 여드름이 생기죠.

- 내 키의 비밀, 성장호르몬

사춘기 청소년의 공통된 관심사인 키!
키는 뇌하수체에서 전엽에서 분비되는 성장호르몬에 영향을 받아요. 성장호르몬은 골격근과 장골의 증식을 촉진하여 뼈의 길이가 늘어나게 하여 키가 자라게 합니다.

그러나 키 성장에 성장호르몬만큼 중요한 것은 건강한 생활 습관입니다. 충분한 수면, 규칙적인 운동, 고른 영양 섭취가 중요한데 일주일에 3~4회, 30분 이상 땀나는 정도의 유산소 운동이 성장판을 자극하고, 칼슘이 풍부한 세끼를 규칙적으로 섭취하는 것도 키 성장에 영향을 주지요.

2) 왜 여자만 생리해요?

여자는 태어날 때 100만 개 이상의 원시난포를 가지고 태어나고, 여자청소년의 이차성징이 시작되어 생리주기가 시작되면 원시난포가 1개

씩 성숙하여 배란이 되고 생리가 시작됩니다.

여자 청소년이 생리를 시작한다는 것은 임신이 가능하다는 것, 즉 엄마가 될 수 있다는 것을 의미해요. 그래서 생리주기에 대한 이해가 필요합니다.

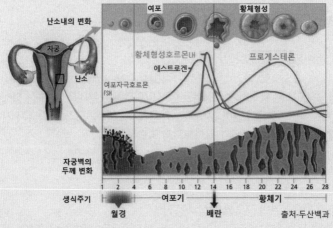

- 월경주기[2] -

• 생리주기가 뭐에요?

생리주기란 ?

생리주기[3]는 여포기, 배란기, 황체기, 월경기로 나눠져요.

2 "여성의 월경주기", https://terms.naver.com/entry.naver?docId=1131421&cid=40942&categoryId=32791 (2025년1월10일 검색

3 "월경", https://terms.naver.com/entry.naver?docId=927592&cid=51007&categoryId=51007 (2025년1월10일 검색).

- 여포기

뇌하수체 전엽에서 분비되는 난포자극 호르몬에 의해 난소의 여포와 난자가 성숙하고 성숙한 여포에서 (   )이 분비됩니다. 이에 따라 자궁의 내막이 증식하고 두꺼워집니다.

- 배란기

황체형성 호르몬에 의해 성속한 여포가 파열되고 (   )이 일어납니다. 배란은 월경이 시작된 후 약 (   )일 경 시작됩니다. 배란된 난자는 24시간동안 생존하며 정자는 72시간 동안 생존하기 때문에 배란 전후를 포함하여 (   )일 동안을 임신 가능성이 높은 시기로 봅니다.

- 황체기

배란 후 여포는 황체로 변합니다. 황체에서는 프로게스테론과 에스트로겐이 분비되는데 프로게스테론은 임신이 되었을 때 수정란의 착상에 도움을 주기 위해 자궁 내벽을 더욱 두껍게 유지하며 새로운 여포의 성숙과 배란을 막아 임신을 유지하도록 도와줍니다.

- 생리기

배란된 난자가 수정되지 않으면 황체는 퇴화하고 프로게스테론의 분비량이 감소하면서 두꺼워졌던 자궁 내벽이 파열되어 질을 통해 몸 밖으로 배출되는 것을 (   )라고 합니다.

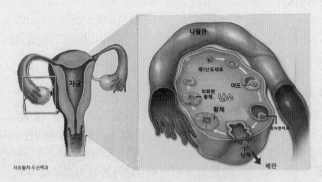

자료출처-두산백과

- 난포기 난자의 성숙[4]-

• 배란일 계산은 어떻게 하죠?[5]

여성의 생리주기는 28일~35일 정도로 다양하지만 대부분의 여성은 28일을 주기로 규칙적인 생리를 합니다. 배란일은 난소에서 1개의 난자가 나오는 것을 의미하며, 배란기 전후로 정자가 여성의 몸으로 들어오면 임신이 가능합니다. 배란은 다음 생리예정일로부터 14일 전에 일어납니다.

생리주기가 28일로 규칙적인 경우, 이번 생리시작일로부터 14일째가 배란일이라고 예측할 수 있으며, 생리주기가 35일 이라면 생리 시작일로부터 21째에 배란이 되고, 배란 후 14일 후에 생리가 시작될 것이라고 예측 가능합니다.

• 갑자기 생리를 하는 일에 대비해서 무엇을 준비해 두면 좋을지 부모님과 대화해 볼까요?

---

4 "난자", https://terms.naver.com/entry.naver?docId=1099736&cid=40942&categoryId=32318 (2024년12월5일 검색).

5 "배란", https://terms.naver.com/entry.naver?navId=927593&cid=51007&categoryId=51007 (2024년12월5일 검색).

3) 남자 청소년 3종세트- 발기, 사정, 몽정[6]

여자 청소년의 생리가 정말 큰 사건이어서 남자청소년의 이차성징은 약소하게 넘어가는 경우가 많아요. 그렇지만 남자 청소년에게도 이차성징이 시작되고 이는 아빠가 될 수 있다는 것을 의미하기에 정말 중요한 발달단계입니다. 남자 청소년의 이차성징에 대해 알아볼까요?

- 발기가 뭘까요?

- 발기가 일어나는 상황은 언제일까요?

- (   )이란 남성 성기에서 정액이 분출하는 현상을 말해요. 건강한 남성 기준 하루에 1억 마리 이상의 정자를 생성한다고 해요. 남자 청소년은 대부분 첫 사정을 잠을 자면서 경험하는데 이를 (   )이라고 합니다. 실제로 사정된 정액 속에는 2억~5억 마리의 정자가 분출되어 나옵니다.

남자 청소년의 이차성징은 남성호르몬인 안드로겐의 영향으로 다양한 이차성징을 겪게 됩니다.

대표적으로 남성의 생식기관을 발달시켜 고환의 크기를 키우고, 음경의 길이와 두께를 자라게 합니다. 또한 고환에서의 정자생성을 자극하여 아빠가 될 수 있습니다. 골격근의 크기를 크게 하고, 남성의 몸에 체모를 발달시켜 수염이나 가슴의 털이 자라게 합니다. 성격도 활발하게 변하게 하거나 모험이나 탐험을 추구하게 변화하는데 도움을 줍니다.

---

6 "사정", https://terms.naver.com/entry.naver?docId=1107895&cid=40942&categoryId=32314 (2025년1월14일 검색).

4. 나는 어떻게 태어났어요?

오늘은 내가 엄마아빠가 될 수 있는 비밀에 대해 부모님과 알아보기로 해요. 아직 나는 초등학생(중학생)인데 엄마아빠가 될 수 있냐고요? 당연히 지금은 아니죠.

그런데 생리를 시작했거나, 몽정을 한 경험이 있다면 내 몸은 부모가 될 준비가 된 거예요. 그래서 나는 어떻게 태어났고 미래에 내가 사랑하는 사람과 가정을 이루고 아기를 갖게 되었을 때 내 아기는 어떻게 태어날지 함께 생각해 보기로 해요.

- **어떻게 여자 몸으로 정자가 들어갔을까요?**

  여성의 질 안으로 발기된 음경이 들어가서 사정을 하면 사정액 속의 정자가 여성의 몸속으로 들어가게 되고, 이를 성관계라고 합니다. 이때 여성이 배란된 상태이며 남성의 정액속에 성숙한 정자가 있다면 아기를 갖게 될 가능성이 있고, 만약 정자와 난자가 만나 수정되면 (   )이 됩니다.

- **성관계는 생명인 아기를 가질 수 있는 중요한 행위입니다.**

  그렇기 때문에 부모가 될 준비가 된 사람들이 하는 것이죠.
  그런데, 부모가 될 준비가 되지 못한 상태에서 아기를 갖게 되어 아기를 키우는 경우를 본적이 있다면 부모님과 이야기해 보세요. (고딩엄빠 등)

- **정자와 난자의 수정과 착상**

  여성은 매달 (   )때 난소에서 성숙한 난자 1개가 배란됩니다. 반면에 남성은 매일 20억~30억마리의 정자를 생성하고 사정한 정액속에는 3억마리 정도의 정자가 들어있습니다. 난자의 생존시간은 (   ) 시간 이며 정자의 생존시간은 (   )시간입니다.

  따라서 임신가능한 시간은 여성의 배란 전 24시간부터 배란 후 24시간, 즉 (   )정도입니다. 인체에서 가장 작은 세포인 (   )와 가장 큰 세포인 (   )가 만나는 것을 (   ) 이라고 합니다. 정자와 난자가 수정된 후 약 7일 정도 지나면 엄마의 자궁내벽에 (   )합니다. 그리고 수정 후 약 3주가 지나면 태아의 첫 심장이 뛰기 시작하고 초음파로 태아의 심장이 뛰는 것을 확인할 수 있는 시기는 약 6~7주 사이입니다.

• 부모님과 함께 태아기 초음파 사진을 보면서 부모님께 내가 배 속에 있을 때의 이야기를 나눠 보세요. 배 속에 있는 아기를 위해 부모님이 사랑하고 헌신한 이야기를 들려 주세요. 그리고 출산일에 엄마와 아빠의 마음이 어땠는지를 자녀에게 들려주세요.

• 지금까지 내가 수정되어 엄마의 자궁벽에 착상하고, 출산하는 과정까지 부모님과 함께 이야기 나누어 봤어요. 내가 얼마나 소중한 존재인지 조금은 느껴지나요? 나를 이렇게 이쁘고 사랑스럽게 낳아주신 부모님께 감사의 글을 쓰거나 말로 표현해 보세요.

• 나는 언제쯤 결혼을 하고 아기를 낳고 싶은지 부모님과 이야기를 나눠 볼까요?

• 내가 꿈꾸는 가족의 모습에 대해 구체적으로 적어볼까요? (어떤 배우자를 만나고 싶은지, 어떤 집에서 살고 싶은지, 자녀는 몇 명쯤 낳고 싶은지 등)

• 미래에 내가 이루고 싶은 가정을 위해 나는 어떤 사람이 되고 싶은가요?

여러분의 부모님처럼 부모가 될 준비 후 임신을 하고 아기를 낳고 지금 내 모습처럼 키우기 위해서는 사랑과 시간, 경제력 등이 필요합니다. 그렇지만 부모가 될 준비 없이 부모가 되는 경우가 있습니다.

• 만약 내가 준비되지 못한 부모가 된다면 어떨까요? 3가지 이상 구체적으로 써보세요.

위와 관련하여 부모님과 충분한 이야기를 해보시길 바랍니다.

5. 십 대의 연애

• 다섯 손가락 약속

지금 이 글을 읽고 있는 친구는 이성 친구를 사귀어 봤거나, 사귀고 있거나, 앞으로 사귀게 되겠죠. 여러분은 혹시 이성 친구를 사귈 때 기억해야 할 약속을 알고 있나요? 이성 친구를 사귀는데 무슨 약속까지 해야 하냐구요? 약속을 해야 하는 이유는 바로 나와 내 이성 친구를 지켜주기 위해서입니다. 아직 십 대인 우리는 TV나 SNS에 나오는 성인처럼 연애를 해서는 안 됩니다. 왜냐하면 청소년기는 이성 친구를 사귀는 것 보다 미래의 내 꿈을 이루기 위해 노력해야 하는 중요한 시기이기 때문이죠.

부모님과 함께 아래 '다섯 손가락 약속'을 채워보면서 나와 내 이성 친구를 지켜주는 연애가 무엇인지 기억하고 꼭 약속을 지키도록 노력해봐요. (부모님께서는 본문을 참고하시어 아이들과 약속에 따를 세부적인 이야기를 나누시고 간단히 적어보도록 도와주세요.)

• 엄지 손가락 약속. 이성 친구보다 나를 더 사랑하기

• 검지 손가락 약속. 거절해도 괜찮아

• 중지 손가락 약속. 대화로 사랑하기

• 약지 손가락 약속. 돈과 스킨십 없는 연애

• 약지 손가락 약속. 세부적인 약속 정하기

이성 친구를 사귀다가 내가 해야 하는 일들에 방해를 준다거나, 너무 감정의 소모가 크다면 헤어지는 것이 더 내게 이롭습니다. 만약 내가 미래에 상상하는 멋진 사람이 된다면 지금 헤어진 이성 친구보다 훨씬 더 멋지고 내 이상형과 가까운 사람을 만날 수 있어요. 청소년기는 내 이상형을 만나기 위해 나를 준비하는 시간이기 때문입니다.

• 거절하는 용기, 거절을 받아들이는 사랑

청소년기 이성교제는 성인과 같은 스킨십과 성관계를 해서는 안 됩니다. 왜냐면 준비되지 못한 부모가 될 수 있기 때문입니다. 앞서 부모님과 준비되지 못한 부모가 되었을 때 어떤 어려움이 있을지 이야기해 보았죠? 그 일들이 바로 나와 내 이성 친구에게 일어날 수 있다는 이야기입니다. 그럼에도 불구하고 여자친구와 사귀는 중 손도 잡고 싶고, 키스도 해보고 싶습니다. 어떻게 하면 좋을까요?

#1. 남자 청소년에게
남자 청소년은 이차성징이 시작되면서 성에 대한 호기심이 왕성해지고 있습니다. 여자친구가 옆에 있다는 이유만으로 발기가 됩니다.

• 생각하지도 못하는 상황에 갑자기 발기가 된다면 어떻게 할까요?

• 여자친구가 내가 하는 스킨십에 "싫어"라고 이야기하면 나는 어떻게 해야 할까요?

친구가 정말 싫어서 싫다고 하는 게 아닌 것 같다는 생각에 조금 더 강하게 밀어붙이거나, 한 번만 해보자고 조르면 될까요? 여자친구가 스킨십을 거절할 때 어떻게 하는 것이 좋을지 이야기해 보세요.

#2. 여자 청소년에게

남자친구가 원하지 않는 스킨십을 할 때는 "싫어"라고 분명하게 말해야 합니다. 스킨십이 싫어서 뒤로 물러서거나, 입을 가리거나, 고개를 저어도 상대방은 거절로 받아들이지 않을 수 있습니다. 거절할 때는 남자친구의 눈을 바라보고 정확하게 이야기합니다.

"우리 스킨십은 손만 잡기로 했는데 네가 키스하려고 하니깐 당황스러워. 키스는 하지 않았으면 좋겠어." 등 정확하게 말로 거절을 표현하는 연습을 해보시길 바랍니다.

• 내가 거절해서 좋아하는 남자친구가 상처받고 헤어지자고 하면 어쩌냐고요? 안타깝지만 거절을 서운해하고 이별을 요구하는 남친은 나를 좋아하는 것이 아닐 가능성이 높아요. 헤어지는 게 더 좋을 것 같네요.

6. 미디어 리터러시로 보는 음란물

- **미디어 리터러시[7]란?**

  미디어는 정보를 전달하는 모든 매체를 가리키고, 리터러시란 글을 읽고 쓸 줄 아는 능력을 의미해요. 즉, 미디어에 접근할 수 있고, 그것이 제공하는 정보를 비판적으로 이해하고 활용할 수 있는 능력을 의미합니다. 우리가 미디어 리터러시 능력을 가지고 있다면 음란물을 비판적으로 이해하고, 스스로 피할 수 있습니다. 부모님과 함께 음란물이 넘쳐나는 시대에 지혜롭게 대처하는 방법에 대해 생각해 보세요.

- 야동을 봤거나 야동을 본 친구의 이야기를 들어본 적이 있나요?

- 컴퓨터를 하다가 혹은 유튜브를 보다가 여성의 유방이 드러나는 옷이나 속옷과 같은 옷만 입고 있는 게임 광고나 웹툰 광고를 본 경험이 있나요?

  이와 같은 것을 음란물이라고 하고, 야동은 음란물의 한 종류입니다.

---

7 "미디어리터러시", https://terms.naver.com/entry.naver?docId=5960355&cid=40942&categoryId=31723 (20

• 음란물이란 무엇인지 아래의 글을 부모님과 함께 읽어보세요.

음란물이란 돈을 벌기 위한 목적으로 성기와 성행위만을 강조하여 그것을 읽거나 보는 사람이 성적으로 흥분하게 만드는 글, 사진, 영화, 만화, 잡지 등을 말합니다. 음란물은 돈을 벌기 위해 만들었기 때문에 자극적이며 비정상적인 장면이 많습니다.

예를 들면 음란물 속의 남자와 여자는 서로를 존중하고 배려하며 사랑을 나누는 성관계가 아닌, 자극과 흥분을 위한 성관계만을 합니다. 남자들의 일방적인 행동에 여자들의 과장된 소리와 몸짓으로 좋아하는 모습을 보여주기도 합니다. 어린 나이에 이런 음란물을 접하게 되면 정신적인 충격을 받게 되어 심한 죄책감과 수치심을 느끼기도 하고 잘못된 성 가치관을 가지게 될 수 있습니다.[8]

• 음란물의 나쁜 점을 6개 이상 적어보고 이와 관련하여 부모님과 이야기해 보세요.

---

8 이명화, 양윤경, 『신문이 보이고 뉴스가 들리는 사춘기와 성 이야기』, 가나출판사, 2017 130-131.

• 음란물의 가장 큰 위험은 중독을 유발하는 것입니다.
미국 유타대학교의 임상심리학 교수 빅터 클라인 박사는 음란물에
대한 반응을 4단계로 설명했습니다. 음란물에 대한 반응을 적어볼
까요?

1단계

2단계

3단계

4단계

• SNS에는 나를 노리는 성범죄자가 많이 있다는 것을 알고 있나요?
아래의 글을 읽으며 자신의 생각을 이야기해 보세요.

> 랜덤채팅을 통해 우연히 알게 된 사람이 나에게 너무나도 친절하게
> 대해줍니다. 선물도 주고, 부모님도 이해해 주지 못하는 내 마음을
> 이해해 주고, 따뜻한 말과 사랑한다는 말로 나를 행복하게 해
> 줍니다. 한 번도 만난 적은 없지만 그 사람의 연락이 기다려지고,
> 서로 연락을 주고받는 것이 너무 좋습니다.
>
> 그러던 어느 날 카톡 상으로 사귀자고 했고, 너무 좋았습니다.
> 사귀게 된 날부터 그 사람이 자신의 몸 사진을 보내주고, 내게도
> 몸 사진을 보내주기를 요구합니다. 당연히 부모님께는 비밀이죠.
>
> 처음에는 손가락 사진, 손 사진, 눈 사진 그렇게 요구하다가 점점

다른 사진을 요구합니다. 사진을 보내지 않으면 삐지고 연락을 받지도 않습니다. 지난밤에는 어쩔 수 없이 팬티를 벗고 생식기 사진을 찍어 보냈습니다. 엄빠에게 들킬까 봐 두근두근합니다. 그런데 또 성기 사진을 보내라고 요구하며, 안 보내면 부모님께 이르겠다고 협박하기 시작합니다. 눈앞이 깜깜해졌습니다. 어떻게 해야 할지 모르겠습니다. 분명히 아주 친절한 사람이었는데 어쩌다가 이렇게 되었는지 잘 모르겠습니다.

• 나에게도 이런 일이 일어날 수 있습니다. 만약 이런 일이 일어난다면 누구에게 먼저 도움을 요청해야 할까요?

SNS으로 몸 사진을 보내는 것은 절대로 해서는 안 되는 일입니다. 특히 인터넷은 익명성(어떤 행위를 한 사람이 누구인지 드러나지 않는 것) 때문에 자신의 나이나 직업을 속이고 나에게 접근할 수 있습니다. SNS에서 알게 된 사람과는 절대 연락을 유지해서는 안 되며, 그 사람이 친절하게 대하거나 선물을 주는 것도 절대 받아서는 안 됩니다. 특히 나에게 야한 사진 또는 몸 사진을 전송한다면 즉시, 부모님께 말하고 캡처한 뒤 신고해야 합니다. 내가 범죄자의 표적이 된 것이니 말입니다.

• 내가 범죄자의 표적이 되는 것을 예방하는 방법에 대해 이야기해 보세요.

현직 교사가 알려주는 자녀 성교육 안내서,
찬란한 너의 **성**을 응원해

초판 1쇄 발행 2025년 4월 7일
지은이 **조혜린**

발 행 우지연
그   림 김선희   편 집 송희진 윤선화   디자인 샘물
마케팅 스티브jh 경영팀 강운자 박봉순
펴낸곳 한사람북스
등록일 2022년 7월 4일
주   소 서울시 서초구 마방로6길 13
홈페이지 https://hansarambook.modoo.at
블 로 그 https://blog.naver.com/pleasure20
ISBN 979-11-93356-06-7 (03190)